SOY JOVEN, NO GILIPOLLAS

SHEILA HERNÁNDEZ

@ES.DECIRDIARIO

SOY JOVEN, NO GILIPOLLAS

mr

Ediciones Martínez Roca, sello editorial de Editorial Planeta, S. A.
Avda. Diagonal, 662-664, 08034 Barcelona
www.planetadelibros.com
www.mrediciones.com

Diseño de la cubierta: Planeta Arte & Diseño

Primera edición: enero de 2024
ISBN: 978-84-270-5167-6
Depósito Legal: B. 21.819-2023
Preimpresión: Safekat, S. L.
Impresión: Gómez Aparicio
Printed in Spain - Impreso en España

El libro que nunca supe que llegaría a escribir.
A mis abuelos, Ángela y José: por mi infancia y mi vida.
A mis increíbles amigos.
A quien me dijo que no lo conseguiría.
A mis Yin y a mis Yang.
Y en especial a mi persona favorita: mi tío.

ÍNDICE

EL SÍNDROME DEL IMPOSTOR

Siempre he dicho que mi vida daba para un libro, y nunca esa misma vida me sorprendió tanto como aquel 26 de octubre de 2022. Recuerdo el minuto exacto en el que sucedió.

Todas las cosas que me han ocurrido han comenzado tras la pantalla de mi teléfono móvil y a través de alguna red social. Esta vez le tocaba el turno y el más absoluto protagonismo a un fiel y viejo amigo, pero no muy valorado: el correo electrónico. Este medio y yo estamos en ese instante incómodo de aprendizaje, conocimiento, cariño y mucho estrés. Aunque al menos ya ha ganado más puntos que TikTok... Como siempre, *e-mail* que me llega, *e-mail* que leo tarde y no al instante como debería.

Sé perfectamente qué me ocurría ese día. Para bien o para mal, tiendo a recordar los sucesos traumáticos que envuelven mis vivencias. Estaba algo triste y frustrada conmigo misma, no dejaba de darle vueltas a todo y buscaba un porqué, otro más, que diese sentido a preguntas puntuales que me hacían estar en uno de los peores momentos de mis últimos años.

Permíteme hacer un inciso y abrir por primera vez, que no última, mi corazón, por filosófico que parezca, para que me conozcas y para que aprendas a descifrar e hilar mi historia personal y mi conexión profesional desde la más absoluta franqueza.

A lo largo de estas páginas comprobarás que Sheila es un parque de atracciones intensamente emocional con unas vertiginosas montañas rusas en su vida profesional y personal. No te hablo de unas atracciones comunes. Te hablo de caídas libres muy extremas y subidas de vértigo y con impacto.

Spoiler. Hoy por hoy me encuentro en ese punto de inflexión correcto, o eso creo, es decir, buscando lo perdido y casi imposible; la neutralidad y el entender que también puedo pasear por ese parque desde la llanura sin necesidad de atravesar constantes subidas y bajadas imposibles de asumir mentalmente en determinados momentos.

Buenos días, Sheila:

Mi nombre es Inés de Cuenca y trabajo como editora en el Grupo Planeta, concretamente en el sello Espasa.

Me pongo en contacto contigo porque te seguimos desde hace mucho tiempo, nos encanta todo el contenido periodístico que generas —¡un currazo!— y queríamos proponerte que realizaras un proyecto editorial con nosotros.

Si te animas a embarcarte en este proyecto, ya tienes mi contacto. Hablamos cuando quieras.

Un saludo,

Inés

Está genial decir que mi vida da para un libro hasta que realmente me ponen delante la oportunidad de hacerlo. Fue justo en ese instante cuando sentí que entraba otra vez en ese parque de atracciones con destino a una de esas caídas libres de las que te hablaba.

Leer este *e-mail* me hizo experimentar una fiesta de sensaciones o sentir el más absoluto síndrome del impostor en su totalidad. Las primeras emociones que experimenté fueron la euforia y la alegría, acompañadas de un «joder, ¡sí a todo! ¡No me importa "no ganar ni un euro", pero quiero, deseo y necesito hacerlo!». Después empezaron las dudas, el miedo y el autosabotaje. El temido síndrome del impostor. «¿Por qué me han dado esta oportunidad? ¿Sabré hacerlo? ¿Realmente me merezco esto? ¿Le interesará a alguien lo que plasme en esas páginas?

¿No me quedará este proyecto grande? ¿Quién soy yo para publicar nada? ¿Comprará alguien algún libro?».

El síndrome del impostor es un fenómeno psicológico que hace que una persona crea que no es lo suficientemente inteligente, capaz o creativa, a pesar de que las evidencias indiquen todo lo contrario. Son indicios de los éxitos que logramos, movidos por la creencia de que no estamos a la altura de las circunstancias o de que lo que conseguimos sucede más por azar que por méritos propios.

Las personas que presentan este síndrome suelen ser exitosas. Dudan constantemente de ellas mismas, no son capaces de evaluar de la forma más objetiva y realista sus propias habilidades y atribuyen lo que les ocurre a factores externos.

Hoy por hoy son las mujeres las que se ven más afectadas por este fenómeno debido a la falta de equidad en el trabajo. Una encuesta realizada por KPMG así lo refleja entre las ejecutivas, ya que tres de cada cuatro admiten haberlo sentido.

Recuerdo hablar con mi círculo más cercano sobre si era o no merecedora. Cumplía todas las características citadas anteriormente: tenía la sensación de que no estaría a la altura, de que no sería lo suficientemente buena o capaz y de que iba a ser un fraude. Todo esto sin haber empezado nada.

La respuesta obtenida de mi entorno a mis afirmaciones —que ya ni tan siquiera preguntas— fue la necesaria para comprender que era hora aprender a gestionar este síndrome sin centrarme en especular sobre lo que aún no había pasado y sin tener ningún tipo de proyección, ni catastrofista ni maravillosa. Tocaba asumir y tomar una decisión basándome en una evidencia concreta, es decir, responder claramente si iba o no a escribir ese libro.

Por último, y muy necesario tras todos estos momentos de reflexión y síndrome incluido, llegó la motivación y el entender que, si alguien me planteaba algo, era porque apostaba por mí y sabía que podía conseguirlo, o al menos aprender en el caso de fracasar. Aquí es cuando me repetí en bucle: «Lo vas a lograr, Sheila, vas a dar todo de ti y a la gente que realmente consiga conectar contigo, le va a encantar».

Este «éxito» u oportunidad no era un golpe de suerte ni azar, sino uno de los frutos que había dado trabajar muy duro durante todos estos años para poder lograrlo.

No tengo ni idea de cuántas veces leí el *e-mail,* igual más de diez y cuatro de estas creí que era una broma de mal gusto. Tampoco recuerdo a quién llamé primero para contarle que estaba a punto de subir el último escalón de la primera planta de mis sueños profesionales.

Suena bonito, aunque no ha sido nada fácil y tampoco ha sido cuestión de suerte. La he necesitado, pero no ha aparecido, de momento, y me ha tocado trabajarlo todo desde el amor incondicional y vocacional y desde la paciencia de caminar paso a paso, entendiendo que es posible caerme y que puedo tardar el tiempo oportuno, que no eterno, en levantarme para seguir.

Si estás leyendo estas páginas es porque, a pesar de las inseguridades, de la visión catastrofista que suelo tener y de la incontable lista de cosas tendentes al autoboicot, no me lo pensé mucho más. Decidí tirar para adelante y demostrarme que, si esta vida mía daba para un libro, yo iba a dejar constancia de que al menos lo había intentado reflejar todo.

Puestos a plantear futuras y posibles hipótesis, que no te preocupe haber comprado el libro por la llamativa portada o que tampoco te perturbe no conocer ni mi nombre ni mi historia, ni tan siquiera saber qué leerás aquí. Muchas de las personas que me rodean —y que posiblemente estarán leyendo estas líneas— tampoco me conocen en su plenitud más pura, aun considerándome yo una de las personas más transparentes del mundo con la gente que quiero. Quizás esto es lo que más me asusta, lo que piensen ellas después de leer todas las experiencias por las que he pasado y me han hecho ser.

Soy joven, no gilipollas es el desconocimiento ante lo que te encontrarás y la satisfacción de saber que ha merecido la pena invertir tu tiempo y dinero en cada página. Es superación y caída. Aprendizaje y derrota. Hechos traumáticos convertidos en una periodista de veintiocho años que quería soñar alto y se encuentra despegando. Es la llave perfecta que conecta y hace entender a mi persona y a mi profesión, y a mi cabeza y a mi corazón. Es el hilo idóneo que une quién soy, qué hago aquí —en tu librería de confianza—, qué me ha ocurrido en la vida, qué puedo aportar a la tuya y por qué todas estas circunstancias que hoy muestro han conseguido conectarme de la forma más noble y sana posible con mi proyecto periodístico.

I

LA VIDA QUITA, PERO TAMBIÉN DA

Mi nombre es Sheila Hernández Torres. Mi edad ya la sabes, aunque quizás cuando leas esto estaré en esa crisis existencial de «estoy a punto de llegar a los veintinueve y me queda un último peldaño antes de pasar a los treinta». Y, claro, mientras yo ahorro para comprarme una casa, mis amigos me invitan a sus bodas y a los bautizos de los hijos de sus hijos. He exagerado, o no, disculpa. Es que mi generación no tiene un término medio. O están en mi mismo punto, siendo jóvenes felices a ratitos que descubren ofertas de utensilios y electrodomésticos de cocina que facilitan sus vidas, o están entrando en núcleos familiares con hijos, perros, gatos, conejos... Y hasta divorcios a la vista.

Soy una orgullosa almeriense y una eterna enamorada de Aguadulce, mi pueblo. Y lo último, pero no menos importante, también soy la nieta de Ángela y José. Y la sobrina de José Juan. Y la hija de Isabel. Estas cuatro personas han sido, y son, los ingredientes principales de los materiales ultrarresistentes que han construido esos escalones de sueños cumplidos en mi corta vida.

Mi vida familiar ha estado completamente desestructurada de principio a fin, como es probable que también lo estén ciertos apartados del libro. Somos lo que vivimos y lo mostramos mientras escribimos.

Parte de lo que fui, entre otras cosas, un sentimiento profundo de abandono durante mi infancia, repercutió de manera notable en los defectos personales que desarrollé durante esa etapa, en mis miedos presentes y en los traumas que trabajo cada día para que no existan en un futuro. Todo eso de lo que he renegado tantas veces me ha hecho ser quién soy, con mis valores, mi ética, mi carisma y un montón de cosas positivas que no diré, pues ojalá puedas descubrir y describir tú.

El hecho de haber sentido en mi más profundo ser el significado de un abandono físico y emocional supuso tener grandes dificultades a la hora de establecer según qué vínculos estables. Experimentar este sufrimiento implicó sentir que el miedo a la soledad formaba parte de una vida pasada, que a veces aparece en el presente, y entender por qué buscaba atención, apoyo y, sobre todo, protección constante, por qué «me gustaba ser el centro de atención», por qué necesitaba aceptación por parte de las demás personas, por qué me costaba funcionar sola o por qué me generaba tanta angustia recibir un no por respuesta. Esa herida emocional me llevó a desarrollar ciertos patrones o tendencias que no fueron nada efectivos.

La desconfianza, el sentirme vulnerable, el pasar por fases de rabia o tristeza, el experimentar de forma constante un sabotaje sobre mí misma, pensando que no merecía ser feliz o querida, que no tenía aptitudes o que ya no merecía la pena luchar por mis propios sueños, ha sido y sigue siendo muy complicado de gestionar.

He trabajado mi autoestima para sentirme capaz de ser y lograr lo que me proponga, me he dado el permiso necesario para cuidarme, he entrenado mi autonomía, me he responsabilizado y he encontrado una motivación sin esperar a que otras personas lo hiciesen... ¡Y esas han sido las mejores curas a una herida difícil de cicatrizar!

Cada persona ocupa en mí un lugar que no le corresponde, propio de esa desestructura. Mis padres son mis abuelos. Mi tío es cualquier función familiar que quieras pensar. Un todo en uno y mi auténtico salvavidas. La persona que ha renunciado casi a su vida para que yo haya logrado parte de la mía. Y mi madre es una mezcla entre mi hermana mayor y a veces pequeña.

Dicen que es complicado extrañar algo que nunca has tenido y quizás tengan razón, pero no te puedes ni imaginar la de veces que he necesitado comprender el significado de tener una familia común. Vivir con tus padres; saber lo que significan realmente las palabras «mamá» y «papá»;

percibir ese amor real, desinteresado e incondicional; conocer y sentir todas las cosas que conllevan ese escudo familiar que hará que tu vida vuelva a la paz en tiempos de guerra; tener tu casa; comer con ellos mientras se pelean de fondo con la televisión a todo trapo; sentirse protegido; ver una película con ambos; viajar; salir a comer; ir a la playa; verlos siendo partícipes de todos y cada uno de los logros de tu vida y sentirte orgullosa por tenerles...

Por fortuna, la vida quita, pero también da. Y yo he podido sentir el amor verdadero, no tan común como parece en la sociedad, de mis abuelos. Las personas que vivimos y crecemos con ellos tenemos una sensibilidad especial y un vínculo mágico imposible de destruir. Ni los años ni los daños pueden con esto.

Mis abuelos eran de ese tipo de personas que ya estaban, pero que también llegaron de manera improvisada, se instalaron de forma permanente en mi corazón y aprendieron a vivir otra vez adaptándose a lo que suponía tener una quinta hija, pero en tiempos más modernos.

Me dieron su vida y yo compartí cada segundo de la mía con ellos. Mis abuelos aprendieron el significado de la palabra Internet y yo descubrí las mejores lentejas del mundo. Éramos un equipazo. Lamentablemente, hace más de dos años mi abuela se fue y dejó en mí un dolor oculto, irreparable e incurable que escondo en el cajón de mis sentimientos y al que no visito con frecuencia. Me resulta sanador estar escribiendo estas líneas e intuyo que esto se repetirá durante los próximos meses en mi día a día.

Durante toda la vida nos hablan de vivir, crecer y morir. Experimentamos las dos primeras fases y convivimos con ellas, pero... ¿quién nos enseña a lidiar con la pérdida de un ser querido? Siempre aprendiendo cosas absurdas e insignificantes que no nos van a servir para nada en la gran mayoría de casos —al menos yo pienso así— y nunca hemos normalizado ni aprendido a razonar el concepto de la muerte. Es un tema tabú de algo tan normal y frecuente como el beber agua.

En julio de 2020 falleció la persona más importante para mí, y desde entonces tengo el corazón partido en dos. Lejos de parecer una frase de la canción más melancólica de los años 2000, es el sentimiento más desgarrador que se puede experimentar en una primera ocasión, aunque luego ocurra muchas más veces.

En un solo día tuve que intentar razonar de forma coherente y sin perder la cabeza que alguien que me había dado la vida se moría y que, además, tenía que sentarme durante horas a esperar a que le dejase de latir el corazón. Quince horas agonizantes de dolor. Quince son las horas que latió el corazón que más arrugas tenía y amor me dio. Quince horas al pie de una cama confundiendo alientos de querer seguir respirando con «ya está, ya se ha ido». En quince horas se fue más de treinta veces y cada vez dolía más. Hoy me sana y me cura a partes iguales escribirles a mis dos abuelos palabras que sí y no leerán, una porque ya no está y otro porque yo misma me encargaré de hacerle escuchar cada línea de este libro. Gracias a mis abuelos por hacerme la nieta más feliz y completa del mundo.

Cerramos párrafo dramático, intenso y doloroso, y a otra cosa mariposa.

El yin y el yang forman un todo

Sé que mi situación familiar y mi pasado han repercutido directa y positivamente a la hora de trabajar en mi «yo del presente» para conseguir construir la mejor versión de «una Sheila del futuro», alejada de todos esos miedos que siempre la han perseguido.

¿Cuántas veces te han dicho «no hagas esto, es difícil y no lo conseguirás»? A mí alguna que otra, y sobre todo gente desconocida. De entre todas esas veces hay una que recuerdo con especial atención y que sabía que reflejaría en ese libro de mi vida. Aquí entran en contexto dos personajes: Yin, una profesora a quien no nombraré directamente, y Yang, un querido profesor llamado Mario.

La teoría del yin y el yang dice que hay dos fuerzas opuestas. El yin simboliza la quietud y el frío; el yang, por su parte, la inquietud y el calor. Juntos engloban que dentro de lo negro hay blanco, y dentro de lo blanco hay negro. En cada fuerza habita algo de su opuesta.

Te he dicho anteriormente que soy un montón de cosas, pero no puedo olvidarme de la que da sentido a mis días y por la que es posible este libro: soy periodista. He tardado menos de cinco segundos en escribirlo y más de mi media vida actual en soñarlo y cumplirlo.

En el mundo académico hay infinitos tipos de estudiantes, pero quiero centrarme en dos equipos: el equipo que no tiene claro a lo que dedicarse hasta el último momento y el equipo que desde que ha tenido uso de razón ha sabido qué camino tomar. Yo soy de las del segundo y capitana.

Desde los cinco años llevo diciéndoles a todos que quería ser periodista. Otra cosa ya es el modo fantasía que, por fortuna, ha ido evolucionando desde la madurez y el conocimiento real de la profesión.

A los seis años quería ser periodista de la NASA, a los catorce monté mi primera radio clandestina en Internet y les ponía canciones a mis amigos. A los diecisiete fantaseaba con ser la presentadora de informativos y a los veinte entré en una crisis existencial que me duraría varios años por el periodismo de guerra. Y así sucesivamente hasta ahora. Aunque para llegar hasta aquí quiero detenerme en un momento-tiempo-espacio concreto que marcó un punto de inflexión en mi vida.

Como ya te he contado, soy muchas cosas y periodista, pero también fui esa alumna que estaba aprendiendo a expresarse y a evolucionar intelectualmente en el instituto. Mientras esto ocurría, yo hablaba y utilizaba de manera incorrecta según qué palabras y tiempos verbales: *culumpio, amoto, hablemos, bayonesa...* Algo normal en alguien que está en esa fase de corrección y aprendizaje.

Nadie nace sabiendo, y en mi casa me enseñaron lo que pudieron desde la educación que ellos habían recibido. No era mala alumna, pero tampoco brillante. Aunque siempre destaqué por mi gracia y porque tenía un récord en charlar sin parar con mis compañeros de al lado de pupitre y hacer perder el tiempo a mis profesores preguntándoles cosas absurdas.

Viajemos en el tiempo. Primera parada. Segundo de la ESO. Clase de Lengua Castellana y Literatura. Mi profesora nos pregunta uno a uno a qué queremos dedicarnos en un futuro. Mi yo de doce o trece años está contenta porque va a responder con determinación e ilusión.

—Y tú, Sheila, ¿qué quieres estudiar? —me preguntó.

—Lo tengo claro, profesora. Quiero ser periodista —le dije mirándola muy seria.

Lo normal hubiera sido soltar un comentario motivador o simplemente mantenerse en silencio y pasar al siguiente alumno, pero no. No fue así. La que por entonces era mi profesora vio más oportuno ridiculizarme en clase y enumerarme diferentes motivos, entre los que encontramos mi forma «basta» de expresarme a esa edad y el uso equívoco constante de determinadas palabras y tiempos verbales, por los que «debía replantearme otra salida, ya que esa carrera no iba acorde conmigo y no lo conseguiría». Tenía doce o trece años, lo vuelvo a recalcar.

Este fue un momento muy traumático en mi vida académica y me hizo pararme en seco a pensar realmente si yo «servía para estudiar». Repito, no era una alumna brillante, pero tampoco mala. Me esforzaba muchísimo por progresar y mejorar, y mis notas eran buenas. Había asignaturas que me costaban más, y otras menos. Lengua Castellana y Literatura nunca fue una imposible para mí, pero ese año comenzó a decaer mi interés por la materia.

La importancia de rodearme de las personas adecuadas en los momentos oportunos hizo que tuviera una conversación con mi mejor amigo, Javi, y que, desde las ocurrencias de la adolescencia y las ganas de ayudar con iniciativas «sinsentido», comenzara un reto: desde ese día él me corregiría todas las faltas ortográficas que encontrase en mis libretas. Podrás imaginar mis cuadernos, el rojo predominaba sobre el resto de las cosas. Apuntes incluidos. Cada día se los entregaba y él detectaba los fallos. Esto se convirtió en una verdadera competición para mí y, sin saber cómo ni por qué, gracias a él conseguí prosperar y tener una escritura y forma de expresarme casi impoluta. Casi porque la vida me enseñó, y sigue haciéndolo, que nunca hay que darlo todo por sentado y hecho.

Saltamos de la ESO a Bachillerato. Pasé alrededor de medio año alterno de curso faltando a clase porque empecé a tener problemas de salud. Repetí. Al trauma de segundo de la ESO, puedes unirle el concepto real, triste y existente que muchos profesores tienen sobre la figura del estudiante repetidor. Para algunos de ellos —y lo digo con conocimiento de causa porque lo he vivido en mis propias carnes— somos un cóctel entre «apestados», «amebas», «estudiantes sin remedio», «seres que vienen a clase, pero han tirado su vida por la borda» y algún que otro sinfín de calificativos más.

Durante ese año conocí a los yang de mi yin de los trece años. Mario y Josemi fueron algunos de los profesores que cambiaron un poco mi vida académica. Mario, era profesor de Lengua Castellana y Literatura, y Josemi, de Latín y Griego. Me ayudaron a confiar más en mí, ser menos quejica y sufridora y más positiva y constante. Hicieron que volviera a ver algo que había tenido claro, pero que se me había olvidado por comentarios que ahora pienso que no deberían haber influido tanto en mí. Podía ser y lograr todo lo que me propusiera, solo tenía que continuar, ser constante y persistir.

La mejor de mis actitudes sumada a la confianza de mi entorno, a la satisfacción de haber trabajado cada uno de mis errores, a la sensación de no haberme rendido nunca, al orgullo de sentir que había prosperado y a mi ilusión por estudiar lo que me apasionaba solo tenía un fin: conseguirlo. ¡Y lo logré!

Esa chica a la que alguien le dijo que «no lo lograría», estudió Periodismo y se graduó con muy buenas notas y con la mejor de las sensaciones. Lo hice con mi esfuerzo y gracias al sacrificio constante de mis abuelos y mi tío.

No iba a ser en vano que ellos paralizaran sus vidas en lo económico durante cuatro años para que yo pudiese poner en marcha la mía. Apostaron y confiaron en que hacían la inversión de sus vidas, asegurándose la mía propia. Y no hay día en el que no les demuestre que así ha sido.

Querida Yin:

Si volviese a nacer y retrocediera tiempo atrás, no cambiaría absolutamente nada. Seguiría manteniendo esa pésima ortografía, esa forma «basta» de expresarme y esos horribles errores ortográficos. Todas las imperfecciones de ayer son los aciertos de hoy. Las palabras que un día cualquiera decidiste dedicarme en clase, y de las que probablemente no te acuerdes, marcaron un antes y un después en mi vida.

Ningún niño debería jamás replantearse en plena etapa académica si vale o no para estudiar, y yo me lo cuestioné durante muchos meses cuando tenía trece años. Y estoy segura de que muchísimas personas se sentirán identificadas y pensarán en esos momentos en los que quienes deberían haberles impulsado un poco y creído en ellos, no lo hicieron.

De todas las cosas que me enseñaste, muchas de ellas sin querer, aprendí a cómo no debo comportarme ante determinadas situaciones y qué consejos no dar a quienes están tambaleándose en la cuerda del mundo académico. Afortunadamente, existen profesionales con la misma vocación con la que yo hoy cierro este primer capítulo. Y ahí entra Yang, o Mario y Josemi, para demostrarme que somos humanos fluyendo en un universo compuesto por buenas y malas personas.

Esos años de mi vida me enseñaron que no somos la nota de un mal examen ni tan siquiera la del mejor de ellos. Tampoco somos lo bien que se nos dé matemáticas o lo mucho que odiemos la filosofía. No somos un curso que se nos ha atravesado. No somos un verbo mal conjugado ni tres faltas de ortografía en los apuntes. Tampoco somos una carrera como única salida al mercado laboral. No somos menos por no hacer lo que se nos plantea como lo mejor, o lo que todos hacen. No somos menos por no tener tres másteres. Y tampoco somos más por tenerlos. No somos el resultado de lo que todo el mundo quiere que hagamos, o se nos dice qué debemos hacer. No somos el comentario de alguien que se frustró porque no lo consiguió y paralizó sueños ajenos por no poder lograr los suyos propios.

Somos. Simplemente somos. A nuestra manera, de nuestra forma y con nuestras inquietudes y conocimientos. Somos seres sintientes caminando en una sociedad complicada, rodeadas de personas que aportan y otras que quitan, pero compartiendo todos espacio y construyendo cada uno nuestro hueco. Somos, pese a los intentos continuos de destrucción, unos soñadores del «ojalá lo consiga» y «lo intentaré, aunque fracase». ¡Ay, Yin! ¡Lo logré!

No encajaba en ese supuesto mundo porque en ese momento no era todo lo que debería haber sido. Pero a pesar de todo, persistí y luché todos y cada uno de mis días para demostrarme a mí misma que yo no sería ese propio obstáculo que haría que mis sueños no se cumplieran.

Trabajé, no desistí. Entendí que para enseñar nunca fue necesario humillar. Me caí. Me levanté. Lo volví a intentar. Me caí muchas veces más. Me dolió cada golpe, pero seguí.

Y gracias a eso aquí estoy, dedicándote unas líneas que jamás leerás, pero que me hacen sentir en paz.

2

ES.DECIRDIARIO, OTRA MANERA DE INFORMAR

He perdido la cuenta de las veces que me han hecho referencia a la mítica cadena verbal de «decir y hacer». Pero es que entre decir y hacer vamos aprendiendo y la vida, y también toda esa gente que la engloba, nos da, nos quita, nos enseña, nos hace soñar, nos muestra el verdadero significado de las pesadillas, nos golpea, nos ayuda, nos pone la zancadilla, nos perjudica, nos emociona, nos incomoda, nos hace madurar, o no. Y así sucesivamente hasta llegar a ese verbo final tan supuestamente normalizado en lo social y tan tabú en cuanto a formas de afrontar y digerir lo que significa que el tiempo de alguien en este mundo tan complicado ya ha llegado a cero.

Lejos de hablar de ese contador que llega a cero, en este capítulo te vengo a exponer la vida, pero la profesional, en casi todos sus estados, estaciones y alturas.

Hay quienes vienen a este mundo, de forma totalmente lícita y sin querer menospreciarlo, con un comodín-estrella, sea por el motivo que sea, y otros a los que nos toca ingeniárnosla para encontrarlo, si es que se da el caso de poder llegar hasta él, en la yincana que «nos regala» la vida.

Debe reconfortar y dar aliento —y digo debe porque no lo sé en primera persona— crecer con la certeza de que siempre habrá una puerta comodín-estrella al fondo del pasillo de esa cadena verbal, que se abrirá de par en par cuando lo necesites para asegurarte una plaza profesional en cualquier oficina o empresa familiar, o de gente muy cercana, y darle un poco de paz mental a tu vida.

He vivido y vivo rodeada de personas que poseen esa puerta comodín-estrella, y contar cómo lo han afrontado también da para un libro, pero ellas decidirán si escribirlo o no. Algunas han utilizado esa puerta, lógico, otras se han negado a abrirla y han seguido su camino profesional independiente a eso que les pertenece y han participado en esa yincana de la que te hablaba... Cada circunstancia es un mundo y cada historia sorprende a partes iguales.

Qué maja fui yo diciéndole a Yin que lo había logrado. Sonó muy «mrwonderfuliano» y, creedme, le di tantas y tantas vueltas, casi hasta acabar mareada, a ese final de capítulo como al decidir llamar a mi libro *Soy joven, no gilipollas.*

Mi vida no es la unión de dos verbos, el dicho y el hecho en un ichas! instantáneo logrado, sino una transición infinitamente larga, aún sin acabar hoy por hoy, con muchos obstáculos y metas cumplidas y no conseguidas. Y pensar esto es lo que en verdad me ha llevado a terminar así el primer capítulo y a decidir que mi libro, aunque no fuese lo políticamente correcto, se titularía de esta forma y que yo te explicaría al detalle por qué.

Todos soñamos, en mayor o menor medida, y nos acordamos más o menos de lo que ocurría en ese periodo de descanso. Otra cosa es si en realidad esos sueños pueden o no ser alcanzables... Yo siempre he estado hecha, entre otras muchas cosas, de un puñado de sueños tangibles que han ido forjándose con el paso del tiempo.

En 2018 me gradué como periodista y alcancé ese primer sueño «tangible» por el que siempre había tenido ilusión y amor, y por el que tiene sentido este capítulo y todas estas páginas que lo conforman en su totalidad. Supongo que cuando ves algo tan difícil y te enfrentas a momentos en los que parece que igual ese sueño se puede quedar a medias, ya sea por economía o por cualquier otro factor, valoras el doble el llegar a donde realmente tenías que llegar en el tiempo estipulado: al principio del final.

La vida se encargó desde ese mismo día, durante mi graduación, y a través de conversaciones a cuentagotas entre mi abuelo y algunos de mis profesores, en mostrarme la patita y dejarme ver que, en un breve periodo de tiempo, comenzaría esa yincana, que tenía que estar preparada para lo que se venía y que mi historia iba a ser diferente a la del resto.

Y así fue. A lo que suponía que iba a ser el fin de mi etapa académica solo le quedaba una supuesta última parada: las prácticas en un medio.

El principio: una pompa agónicamente positiva

Terminas la carrera y empiezas a creer que «trabajas porque vales». Piensas que vas a tenerlo medianamente fácil por una vez, dentro de lo difícil que es todo, que vas a encantar a quienes debes hacerlo por tu entusiasmo, energía y constancia; y que, quizás, vas a convertir tus prácticas en «ser una becaria de verdad», y no solo por un convenio estipulado y firmado entre tu universidad y el medio.

Comienzas a firmar tus primeros artículos y reportajes. Los compartes con orgullo en tus redes. Tus tíos felices por tus logros animan a la gente a que los lea. Primeras páginas en prensa. Primeras frustraciones al ver que, aun revisando varias veces lo que has expuesto, se te cuelan erratas y hay frases que se convierten en jeroglíficos imposibles de descifrar. No entiendes el programa de edición, pero sigues y sigues hasta que lo vas pillando. La ilusión de decir sistemáticamente a tus seres queridos que compren el periódico porque salen varios artículos que has escrito. El ímpetu por aportar temas nuevos y buscar a gente que cuente sus experiencias. Pero, lógicamente, la pompa agónicamente positiva empieza a desinflarse cuando tocas el suelo, después de un tiempo volando por a saber dónde, con esas plataformas tan ideales que te has comprado para ese verano.

Trabajar ocho horas a turno partido, de lunes a viernes, por menos de doscientos cincuenta euros al mes, igual no es lo soñado. Ni lo querido. Ni lo que debería ser. Y enfrentarte a personas que creen que tienen el poder de tus palabras, o que tan solo se muestran superiores, por el simple hecho de pagar o firmar acuerdos comerciales con el medio, tampoco era lo esperado. Quien paga, manda. Y también manda sobre ti profesionalmente. Escribir fantásticamente bien sobre algo que no concuerda con tu pensamiento, que no compartes y que en absoluto piensas que es así, es muy difícil de gestionar.

Es justo en esos dos meses de verano cuando te cuestionas si en realidad quieres ser periodista y si en eso consiste esa profesión por la que tanto amor sientes... A mí no me apetecía seguir con mi sueño.

Acabas las prácticas y, como es evidente, no tienes una puerta comodín-estrella ni tan siquiera una flor en el culo. De nada sirve el entusiasmo, la energía, la constancia, la vocación y el amor por tu profesión. Puerta cerrada. Ahora tocaba reflexionar y entender que no has estado ahí trabajando «por valer», sino por hacer unas prácticas por contrato «casi obligado» y que, a veces, a algunas personas, le ha resultado un incordio enseñarte y atender a tus infinitas dudas.

Recordar los siguientes meses es pensar en el tiempo más inestable que pasé en mi vida, profesionalmente hablando. No sabía qué hacer, por dónde tirar, qué más portales de trabajo visitar a través de Internet, cómo hacer el mejor y más llamativo currículum... Joder, estaba fallando, o eso pensaba, a toda mi familia. Les dije que cuando terminase la carrera jamás volvería a pedirles ayuda económicamente y otra vez les necesitaba. Otra vez a apostar por mí y a paralizar sus vidas.

Decidí apuntarme a clases de inglés y aprender, de manera autodidacta, el funcionamiento de las redes sociales para continuar formándome. Todo esto lo hacía mientras seguía viviendo en Sevilla. Qué pensamiento tan común, y casi que estúpido, el creer que estar en una ciudad más grande que la tuya, en este caso que Almería, me abriría más puertas...

Lo que de verdad conseguí en los siguientes dos años fue continuar académicamente con un camino que sentía que ya no era el mío, postergar el salir otra vez al mercado laboral adornándome de conocimientos y agarrándome a títulos que sentía que no tenía por qué tener, no por nada concreto, y... empezar el verdadero significado del proyecto que le da sentido a mis días y ahora también a *Soy joven, no gilipollas.*

Recuerdo a la perfección estar en el salón de mi piso de estudiantes y llorar como una descosida junto a mis amigos, no era la primera vez que lo hacía, a la vez que les decía que me sentía, y disculpa por exponerlo sin adornos, una puta mierda de persona sin oficio ni beneficio o un parásito social. Con más de veintidós años, buscando trabajo cada día y sin conseguirlo, fuese de lo que fuese, dependiendo de mi familia hasta para poder coger un autobús y volver a casa...

Es increíble a lo que estamos expuestos los jóvenes, y no tan jóvenes, para que nos lleguemos a sentir así porque, en ocasiones, es misión titánica encontrar un trabajo, o simplemente que confíen en nosotros y nos den esa oportunidad de poder adquirir experiencia.

No sé qué se me pasó por la cabeza en aquel instante para atraer a mi mente una idea que llevé a cabo en tercero de carrera, pero entre llanto y llanto, el sentirme un despojo humano, el escuchar a mis amigos mientras me decían de manera sistemática que no decayese y el reflexionar internamente, decidí que crearía mi propio periódico.

Te dije que así era y soy, y no te miento. Una montaña rusa de subidas y bajadas apoteósicas. En el peor de los momentos y cuando parece que estoy tocando algo el fondo, me pongo de pie y me niego a mí misma el permanecer más en ese lugar. Y ahí subo como puedo.

A medida que voy escribiendo también voy hilando saltos en el tiempo con acontecimientos actuales. En mi vida no hay presente sin que se entienda una parte de mi pasado. Escribo y viajo contigo y está siendo absolutamente mágico. En una línea estamos en 2023, en otra saltamos y pasamos al 2018 y ahora nos remontamos al 2017.

Otro gran Yang aparece

De verdad, pienso y pienso y qué afortunada he sido estando rodeada de algunos profesores y profesoras que, en ocasiones, han confiado en mi potencial más que yo misma. Juan Pablo fue profesor mío durante dos años en diferentes asignaturas. Cuando lo conocí supe que nuestra relación sería distinta. Y así ha sido.

En una de las infinitas prácticas que nos exigen en cada asignatura de esos años universitarios, Juan Pablo, que por aquel entonces me daba una materia enfocada en el manejo y entendimiento de las redes sociales, nos pidió llevar a cabo la creación de un periódico, pero dirigido al pueblo o la ciudad del que veníamos cada estudiante. Tuvimos que crear un nombre, un logotipo, sus respectivas redes sociales en todas las plataformas y escribir un par de noticias. Y así lo hice. Desarrollé mi hipotético periódico dirigido a Aguadulce.

Fue justo durante esos días, desarrollando mi proyecto, cuando empezó a despertarse en mí un amor e interés por las redes sociales y por transmitir información a través de ellas, que no por una página web como siempre se ha hecho. Lo comentaba con Juan Pablo, le preguntaba dudas continuamente... y ahí comencé a conocer la figura del *community manager*, que años más tarde indagaría y estudiaría de forma autodidacta, como ya he contado.

El *community manager* es un profesional de *marketing* digital y la persona encargada de la gestión y el desarrollo de la comunidad *online* de una marca o empresa en el mundo digital. Esta podría ser la típica definición para compartir en LinkedIn, pero la coloquial, la explicada de mí para ti o de mí para tu abuelo, e incluso para el mío propio, es que se trata de manejar Instagram, Facebook, Twitter o TikTok, por ejemplo, de un negocio con el fin de crear contenido creativo, conseguir seguidores de calidad y fidelizarlos y, en la mayoría de los casos, obtener beneficios económicos a través de ellas.

Explicado el contexto y lo que significa mínimamente ser *community manager*, situémonos nuevamente en el salón de aquel piso de estudiantes. Yo llorando a moco tendido, por no haber encontrado aún una sola salida profesional en periodismo, y mis amigos desarrollando el papel de lo que significa serlo, haciéndome entender que todo llega, pero a veces tarda más de lo que esperamos. Me enfado y me indigno a partes iguales, pero me viene la inspiración, digo que voy a crear ahí mismo un periódico y se hace la magia.

Carlos y Juan, que ya me conocían de sobra, cambiaron de tercio rápidamente y lo que empezó siendo una charla motivacional de autoayuda terminó convirtiéndose en horas de pensar qué nombre le pondría a ese periódico y, por supuesto, en horas de hacer un logotipo mínimamente decente con nulos conocimientos de diseño.

Ahí nació *es.decirdiario*: un proyecto que haría ver al mundo otra manera de hacer periodismo con información actual, atemporal, atípica, emotiva y positiva.

Tenía el nombre, tenía el logotipo creado del modo más decente posible y creé una cuenta en Instagram. ¿Por qué allí? Porque para hacer cosas diferentes había que empezarlas de una forma poco común. Además, no tenía la capacidad económica suficiente para desarrollar una web y utilicé los medios de los que disponía en ese momento —mi teléfono móvil y mi imaginación— para llevar a cabo otro de mis sueños tangibles.

Hice una historia en mi cuenta personal formada por la friolera cantidad de quinientos seis seguidores y les dije que había creado un periódico —así, tal cual te lo he descrito a ti—, y que solo si llegábamos a mil seguidores en veinticuatro horas, pues había que poner un objetivo para animar el cotarro, pondría todo mi esfuerzo para cambiar una parte del periodismo y hacer algo diferente. Y veinticuatro horas después éramos casi... cinco mil. Sí, cinco mil personas. Todos mis amigos, conocidos e incluso desconocidos compartieron mi sueño a través de sus redes y se sumaron a formar parte de manera desinteresada de lo que desde ese día se convertiría en mi razón de ser profesional. Fue tan increíble como todo lo que te iré contando en el libro.

La vida, en ese tránsito infalible del decir y hacer, me dio una lección más. Quizás yo no tenía esa puerta comodín-estrella, pero lo que sí tenía que entender es que, aunque para muchos no bastaba el entusiasmo, la energía, la constancia, el amor y la vocación incondicional por una profesión para ejercerla, para otra gente, en su mayoría anónima, sí.

Genial eso de crear algo y que en un visto y no visto tengas a cinco mil personas apoyándote sin pedirte nada a cambio y confiando a ciegas, pero... qué difícil ejercer una profesión teniendo clara la teoría sin saber cómo ejecutarla en la práctica.

Qué horriblemente increíble y mágico fue todo de principio a fin. Me equivoqué tantas veces que ni lo recuerdo. Y fue el equivocarme tanto, el rectificar sin miedo a nada y el escuchar de forma constante a esa misma gente, conocida y desconocida, lo que hizo que hoy en día ese sueño del que te hablo sea seguido por más setecientas mil personas jóvenes y no tan jóvenes. Supongo, y espero, que cuando leas esto ya seamos unos poquitos más.

es.decirdiario nació de un momento de caer al barro y resbalar constantemente hasta encontrar un punto de soporte y para entender que puerta que se cierra, ventana que busco para respirar, meditar y emprender mi propio camino.

es.decirdiario creció para demostrar socialmente que esa generación joven, a la que muchas veces se le culpabiliza de supuestamente «no sentir interés por mantenerse informada», entre otras muchas cosas, sí quiere estarlo, pero necesita hallar un lugar seguro en el que entender el día a día y no logra encontrarlo.

es.decirdiario se desarrolló para dar voz y visibilidad a cualquier causa sin importar que tenga más o menos visitas.

es.decirdiario se va haciendo mayor denunciando todas las cosas por las que en su día quise dejar de ser periodista, repudiando esas palabras que, lejos de ser periodismo, solo dañan y vejan y para mostrar que existen mil maneras —y muchas de ellas positivas— de hacer que nos reconciliemos un poquito más con el mundo.

Recuerdo un momento clave que cambió el rumbo de mi proyecto periodístico. Fue durante el horrible confinamiento. Estaba sola en mi piso de estudiantes en Sevilla, sin poder volver a Almería y teniendo que ver cómo la vida de mi abuela se apagaba por videollamada y sin yo estar allí con ella para disfrutar hasta el último segundo de esa cuenta que llegaría a cero. Estaba sumida en un absoluto entorno de negatividad unido a esos informativos plagados de muertes y acusaciones. Todo esto extrapolado a mi medio, medio formado ya por aquel entonces por más de treinta mil personas, que justo demandaban información sobre la COVID-19 sin cesar. Colapsé y ahí entendí que *es.decirdiario* jamás sería un medio normal.

Subí una historia diciendo que era periodista y también persona. Les dije a cientos de miles de seguidores que mi labor informativa sobre el día a día negativo que no dejábamos de escuchar, había marcado un punto y aparte. Fue en ese momento en el que desarrollé una continuidad de noticias únicamente positivas para demostrarle al mundo que aun estando en la peor de las circunstancias, el universo continuaba fuera y seguía girando también con positividad, amor y cariño.

Las treinta mil personas de esta diferente familia informativa se triplicaron, aceptando la decisión y casi que necesitándola a partes iguales. Llegamos una vez más, en otro abrir y cerrar de ojos, a más de ciento cincuenta mil seguidores —ojalá leas esto y sientas que eres una de esas personas cansadas en su día por lo negativo que descubrió lo que hoy es una parte esencial de *es.decirdiario,* y puedas subrayar estas líneas y enseñármelas cuando nos encontremos por la vida para que pueda firmártelas y darte las gracias por confiar—.

Vayamos al turrón

Aún no te he hablado de dinero y seguro que te preguntas que si todos esos adjetivos bonitos y ganas por ser periodista se han rentabilizado. La respuesta es sí, pero ha sido a largo plazo. Un largo plazo durísimo de preguntas constantes, de dormir tranquila por ser fiel a mis principios y a mi ética y de respirar por haberlo logrado, otra vez.

Durante tres de los cuatro años de vida de *es.decirdiario,* y con cientos de miles de seguidores he ganado la friolera de 0 € —espacio para insertar un adjetivo, no muy duro, que se te pase por la mente y que dejaré que hagas hasta que te cuente—.

Siempre lo digo. Soy una persona joven, no millonaria, y como persona no millonaria que soy, independientemente de lo adolescente o no que resulte, necesito dinero. Es más que evidente que en estos años he recibido ofertas publicitarias, y negarlo sería cínico, en las que tan solo pedían subir un par de cosas cada X tiempo al perfil y el resto ya suponía recibir unos miles de euros que, a mucha gente, incluida a mí, cuesta meses ganar.

Mi proyecto nació en parte para denunciar lo que no me representaba. Por ejemplo, viene a mí una empresa que quiere publicitar apuestas. El público de *es.decirdiario* es en su mayoría gente joven. Yo a su vez visibilizo en constantes ocasiones casos relacionados con la ludopatía y todo lo que supone tanto a protagonistas como a familiares de este agujero negro. ¿En qué lugar me deja a mí como profesional y persona el ganar dinero a costa de mi propia ética y valores profesionales y con el miedo constante a lo que puede suponer que alguien decida involucrarse de forma irresponsable en ese mundo? Prefiero dormir sin ese dinero, y completamente tranquila, a convivir con la carga de conciencia de que, quizás, uno de esos miles de jóvenes un día deslizó mi historia y acabó siendo de esas personas que a diario luchan contra una enfermedad durísima de reparar. Por eso, aplicando la filosofía de que todo llega para quien realmente se lo trabaja, y con paciencia sabe esperar, decido emprender mi camino independiente mientras a su vez construyo y solidifico la base de mi periódico.

Mientras te cuento todos los debates morales y éticos que *es.decirdiario* iba generando en mi vida, no dejaban de suceder cosas. Por fin podía volver a mi casa en Almería durante el confinamiento, con la fe de que acabaría regresando a Sevilla cuando todo pasase. Pero eso jamás ocurrió. En julio de ese año falleció mi abuela y me prometí no perderme ni un solo segundo de la vida de mi abuelo. Sumida en un caos destructivo de creer que no encontraría salida por no estar en una gran ciudad, decidí hacer lo que mejor se me daba: insistir y persistir.

Tenía conocimientos autodidactas aprendidos durante este tiempo sobre el manejo de redes sociales, había creado mi propia plataforma sin invertir ni un solo euro y era hora de recorrerme todos y cada uno de los negocios de la provincia de Almería ofreciendo mis servicios como *community manager*.

> Hola, soy Sheila. Soy periodista. Aquí os dejo mi currículum. He analizado vuestras redes y creo que necesitáis esto, esto y esto. El precio por mis servicios es este. Ojalá confiéis en mí y me deis una oportunidad. Prometo no decepcionar.

Este era mi mensaje de presentación. ¡Y chas! En cuestión de pocos meses me vi envuelta en ese mundo llamado ser autónoma —del que te hablaré más adelante— y trabajando con una, dos, tres, cuatro, cinco, seis, siete, ocho, nueve, diez, once... empresas de diferentes sectores de la provincia. Alguien apostaba por mí, le iba bien y me recomendaba a otra persona cercana, que a su vez decidía confiar en mí. Esto acabó siendo la buena pescadilla que se mordía la cola.

«Soy joven, no gilipollas» es un artículo de opinión que compartí en mi periódico hace más de dos años y que vuelvo a mostrar aquí:

Llevo meses queriendo hablar de la relación amor-odio, sobre todo, odio y asco, de los jóvenes y el sector laboral.

Ayer tuve una entrevista de trabajo y podría decirse que estaba casi cerrada. Los precios estaban puestos sobre la mesa desde hacía días y la que iba a ser mi futura cliente parecía estar conforme.

Inciso: ella acudió a mí muy interesada por mi forma de trabajar.

Llegué. Me presenté. Me senté. Empezamos a hablar y, cuando todo parecía que iba viento en popa, sonó la campana.

—Yo creo que pagándote cincuenta euros al mes está bien. No es muy complicado llevar la comunicación y redes sociales.

Soy una persona educada y directa, y cuando escuché eso hice tres cosas:

1. Decirle que yo a ella no le ponía pegas por los precios que tenían sus productos.
2. Explicarle de la manera más relajada posible que ella no era quién para determinar el precio de MI trabajo —bastante superior a sus lamentables cincuenta euros—.
3. Levantarme, amablemente dejarle el importe correspondiente de mi café e irme.

Ella me dijo que me quedase y que podíamos llegar a un acuerdo, pero a mí ya no me hacía falta escuchar nada más.

Y esta es la situación a la que nos enfrentamos muchas personas y a la que debemos decir BASTA.

BASTA ya de sucumbir a personas explotadoras que pretenden pagarte lo mínimo para que trabajes el máximo y para así ellas ganar el doble.

BASTA ya de aceptar puestos precarios como becarios o prácticas cuando llevas AÑOS de experiencia en tu sector.

BASTA ya de permitir que gente que NO TIENE NI IDEA se crea con la suficiente potestad como para decirte qué debes cobrar.

BASTA ya de regalar tu trabajo.

A mí ayer intentaron tomarme por imbécil y dije basta.

Porque si algo tengo claro en la vida, es que NADIE va a enriquecerse con mi trabajo pagándome una miseria, y mucho menos voy a regalar mi esfuerzo y profesionalidad.

Lo digo siempre. Somos la generación a la que se le aplazan los planes. La que convive con el «yo a tu edad ya...», de las más preparadas académicamente y con nulas oportunidades de trabajo o contratos BASURA. La generación a la que se le pide experiencia sin oportunidades.

Basta.

Basta en 2021. En 2022 y cada día.

A veces tengo la sensación de que, por el simple hecho de ser joven, además de proclamar a mi generación y a las siguientes como los eternos culpables de cualquier cosa que ocurra en el mundo, intentan tomarme por una auténtica gilipollas. De hecho, me he sentido así por cómo me han tratado determinadas personas. No hay yang sin yin en ningún aspecto de la vida, y este libro sirve para demostrarlo a través de mis propias vivencias.

A todos esos yin que durante estos últimos años se han acercado a mí por absoluto interés, adornando con palabras de supuesta admiración sus mensajes, les diría que tener veintiocho años, ser buena persona, educada, con principios y honesta no es en absoluto sinónimo de que cualquiera, a veces con un recorrido más amplio que yo en la vida, crea que tiene el derecho de ningunearme, lanzarme constantes lecciones morales, replicarme sobre cuestiones que no maneja e incluso intentar venderme que lo correcto es hacer lo que otros piensan y no lo que mi corazón me diga.

Que los trabajos vienen y van, lo entiendo. Y más en el mundo del autónomo donde no hay compromisos ni contratos infinitos de por medio. Pero si algo me han enseñado todos esos Yin, algunos para los que he tenido la suerte y la desgracia de trabajar, es que me han podido hacer sentir gilipollas con sus acciones malas, egoístas y manipuladoras, pero sin quererlo, también me han dado las claves para no volver a sentirme así.

También en el periodismo, como en cualquier profesión, existe el bien —yang— y el mal —yin—. Hay mucha gente egoísta haciendo de este planeta un lugar menos habitable y solidario, pero también gente increíble realizando acciones maravillosas y garantizando que, personas a las que nos han hecho sentir gilipollas, nos reconciliemos con la sociedad y queramos seguir sintiendo y seamos nosotros mismos, sin escudos y miedos. Una mala persona jamás podrá ser un excelente profesional. Recuérdalo.

3

LO QUE ESCRIBÍ EN UNA NOCHE TRISTE

Supongo que estar en un momento —y con perdón otra vez por la siguiente palabra políticamente incorrecta— de mierda debe servir para escribir ese capítulo diferente y humano que conecte, que todo el mundo entienda y que a la vez se desentienda al cien por cien de una estructura que jamás quise ni pretendí seguir.

Hoy es una de esas horribles noches. Mi monstruo desde hace algún tiempo siempre viene a verme pasada la una de la madrugada cuando tengo preparadas dentro de mí todas las sensaciones necesarias para autodestruirme por segundos y entrar en un mundo de negatividad, de preguntas que tienen que ver conmigo, pero carecen de respuesta lógica por mi parte, y volver a una espiral de castigo por todo lo que nunca pude entender o controlar.

Me resulta curioso que, mientras voy añadiendo una palabra tras otra que expresan lo que hoy siento, pero sin ir al detalle, me debata a cada segundo si este capítulo verá la luz o no.

En realidad, no hay nada que me dé más pavor que mostrar mi verdadero dolor y mi más absoluta tristeza. Enseñar mis vulnerabilidades en tiempos en los que nada es lo suficientemente transparente y el dolor ajeno causa satisfacción a algunos, puede ser sinónimo de dar un arma que arrolle a esa persona-coraza que hoy lucha por ser sincera en el libro de sus sueños, aunque le duela el alma.

Durante toda mi vida, y espero que también durante parte de la tuya, me han dicho que hay que separar lo personal de lo profesional. Suena tan fácil que aproximadamente cero unidades de veces he logrado conseguirlo en su totalidad o parcialidad. Te juro que admiro a todo ser que lo haya intentado y conseguido con éxito a la par.

Yo tengo un maldito cable que conecta de manera permanente mi corazón con mi cabeza en cualquier ámbito, y que no hay manera posible de desviar, ignorar o poner en un segundo plano. A eso podemos añadirle que mi cara, literalmente, es el espejo de mi alma. Cosa que más que sumar a veces resta.

Intuyo que formo parte de un proceso común de maduración junto a mi particular monstruo. Ese que aparece y desaparece. Ese que vive y revive. Ese que, de vez en cuando y de un modo aleatorio e inesperado, va y viene a mi vida para proyectarme todos esos instantes en los que he sentido muchísimo pánico junto a él. Lo hace como una serie de suspense con infinitas temporadas y no tengo palomitas. Mi único acompañante, ese a quien puedo agarrar del brazo mientras me asusto y doy algún grito, es el propio miedo.

Me veo. Estoy sola. Siempre sola aun estando rodeada de gente. Soy yo en diferentes etapas y versiones. Una Sheila más pequeña, otra más adulta, otra algo más madura, otra todavía más mayor, otra perdedora y, mi favorita: una superguerrera que renace cuando cree que ya no puede más.

Me veo. Lloro. Huyo de circunstancias que van a perseguirme siempre incluso sabiendo que tendré que volver al punto de retorno para enfrentar y afrontar esa realidad que me asusta y que hay que normalizar.

Me vuelvo a ver. Sonrío también. Me sorprenden las circunstancias que me hacen muy feliz porque genuinamente creo que se esfumarán de forma vertiginosa y me harán daño. Otro punto al que retornar. Y qué curioso el sentir que me asusta a partes iguales el miedo y la felicidad.

Hay dos momentos en mi vida, uno durante 2020 y otro en 2022, en los que aprendí desde el más absoluto miedo, que está bien no estarlo y, joder, que también es correcto que cualquier circunstancia personal terriblemente asquerosa nos invada en lo profesional y viceversa, y que se note. No somos robots. Sentimos, padecemos y procesamos a nuestro ritmo particular.

El inexorable paso del tiempo

El 2020 fue un año de perder a alguien a quien quería y, a raíz de esa marcha, no encontraba el cable que me desconectase y me hiciese, aunque fuese durante determinados momentos, parecer feliz o estable emocionalmente mientras trabajaba y seguía con mi periódico.

Ese particular monstruo del que te hablo, entre grandes sustos y de capítulo en capítulo, me hizo comprender que, a veces, hay que parar, respirar, pensar y soltar como vengan las cosas y los sentimientos. Y eso hice. Aproveché uno de mis peores momentos personales para conectarlo con mi mundo profesional, *es.decirdiario*, y, entre palabra y palabra, el 9 de diciembre de ese mismo año, sin esperarlo ni quererlo, me curé un poco más el corazón tan solo conectándome aún más con mi trabajo:

> Hace casi cinco meses que falleció una de las personas más importantes de mi vida. No sé cómo será el dolor de perder a una madre, pero mi abuela fue exactamente eso para mí, aunque con más arrugas en el alma.
>
> En estos casi ciento cincuenta días me he dado cuenta de que escribir sobre la muerte me sana y me gustaría compartirlo con las ciento setenta y ocho mil personas que seguís a este atípico periódico.

Quiero pensar que hay alguien, en algún rincón del mundo, a quien posiblemente mis palabras puedan ayudarle. Por eso, hoy he decidido abrir un poquito más mi alma en este proyecto periodístico.

LA MUERTE, una palabra de la que todos huimos, pero con la que todos tenemos que convivir tarde o temprano.

He pasado por un trazo inestable de líneas y me apetece contarlo todo porque ha sido una etapa de aprendizaje muy importante para mí.

La primera semana, después de la muerte de mi abuela, quería morirme. Lloraba a todas horas. Pensaba que me había quedado sola en el mundo y me sentía incompleta.

La segunda semana seguía igual, a excepción de que se sumó un nuevo temor: el no saber qué sería de mí cuando mi abuelo también muriese.

Cuando perdemos a alguien y experimentamos muchísimo dolor, supongo que, inmediatamente, pensamos que no podremos aguantar la tristeza de echar de menos a nadie más.

Estaba inmersa en sentimientos negativos y tenía una inestabilidad emocional muy fuerte. Todo esto fue lo que me hizo tomar la decisión de dejar mi vida en la ciudad en la que vivía, Sevilla, y volver a casa, a Almería, con mi abuelo.

He pasado el peor verano de mi vida. No tenía ganas de salir. No tenía ganas de ver a gente. Cancelaba casi todos los planes o directamente ni aparecía.

No sé el momento exacto en el que cambié el chip, pero sí sé que fue gracias a una intervención televisiva de un personaje conocido durante un programa.

Sus palabras me hicieron pensar, una vez más, en lo necesario que es normalizar la muerte, hablar sobre ella, recibirla de otra manera y no asociarla única y estrictamente con dolor, pena, tristeza y colores muy oscuros.

Ese día aprendí la teoría sobre lo necesario que es afrontar una despedida utilizando la inteligencia emocional, con serenidad, sin miedo y haciendo que la otra persona se sienta más querida que nunca, aunque sepa, o no, que se va.

Cuando mi abuela se estaba yendo, guardé todas las lágrimas dentro de mí y me limité a darle las gracias por estos veinticinco años a mi lado.

No sé si me escuchaba, pero yo no dejaba de apretarle la mano mientras le decía una y otra vez: «Te quiero, gracias, te quiero, gracias».

También le pedí egoístamente que no se fuera, algo que era imposible porque ella ya había empezado a emprender ese vuelo hacia a saber qué lugar.

En estas últimas semanas he aprendido a darle más prioridad a lo vivido con ella que a pensar en que, desgraciadamente, ya no está ni estará.

Recordarla es escenificar nuestros mejores momentos, anhelar nuestros enfados y necesitar que me llame y me diga que vuelva ya a casa.

Fue una gran madre, abuela y amiga, al menos para mí, y no os voy a negar que la echo de menos cada día de mi vida, pero tenía que irse. Era su momento.

Me consuela pensar que estará viéndome desde algún rincón de este enorme mundo mientras escribo esto.

El llorar cicatriza el alma y a mí, llorar por todos los momentos felices que me ha dado, me ha sanado el corazón.

He aceptado que te has ido, estoy empezando a aprender a vivir sin ti y sé que esto también me lo has enseñado tú.

A la vida se viene a perderlo todo y el amor debe vencer al dolor.

Te quiero.

Publicar algo tan personal como esto en mi espacio profesional, formado por tantos desconocidos, y decir entre líneas de dolor «hola, no estoy bien, pero se pasará» no fue nada fácil. Sin embargo, sí fue lo suficientemente transparente como para hacer entender que, en mi mundo, esa era la clave para normalizar que la vida nos pone circunstancias personales que sobrepasan lo profesional, las atravesamos, las exponemos, sean o no positivas, las compaginamos, y seguimos.

Podemos parar por un momento y sentir durante unos instantes que ya hemos llegado a ese límite, pero siempre acabaremos reflexionando, desde todo lo que nos enseña esa constante serie de suspense infinita, y continuaremos con ese camino llamado vida que, en ocasiones, se pone realmente difícil, pero no imposible.

Aquí sigo. Sentada y acompañada. Viendo esa serie que nunca acaba y que tanto vértigo me da. Sigo sin palomitas. Y sigo sin agarrar al propio miedo, aunque lo siento supercerca mientras va proyectando cada circunstancia que hace que, esta vez, ya sí que parezca que vaya a rendirme.

Me siento muy orgullosa de no haber formado parte de esa burbuja de absoluto postureo, por llamarlo de alguna manera, en la que solo está permitido ser feliz socialmente y mostrar de modo continuo todo lo que, supuestamente, les hace ser las personas más afortunadas y envidiadas del mundo.

La inteligencia emocional

El 2022 fue un año de perder psicológicamente a alguien a quien quería y eso fue muy jodido porque, al menos esta vez, nadie había emprendido un camino de ida hacia ningún lugar más lejano a quince kilómetros de mi casa.

A la vida venimos a perderlo todo, se dice comúnmente como si de una frase triunfadora se tratase. Todo esto lo escuchamos mientras nos sumergimos en las turbias aguas del adaptarse a lo que significa perder a alguien sin realmente perderlo. O entender cómo las personas que necesitamos, alguna que otra vez, nos enseñan a no necesitar a nadie. En resumen: una absoluta basura todo.

En septiembre de ese año atravesé una de esas situaciones supercomunes entre los mortales que, nueva para mí, fue sinónimo de sentir cómo mi mundo se partía en dos y de no encontrarle sentido a mi día a día. Esa situación de la que te hablo es como el amor, pero añadiéndole un des- al principio y muchas lágrimas.

Vuelta a intentar comprender que nuevamente atravesaba otro momento personal jodido y que era imposible que no transcendiese en mi trabajo. Hablar de sucesos informativos duros y peliagudos es mucho más caótico cuando tienes el corazón roto y un sentimiento de tristeza constante que te invade por dentro. Recuerdo compartir en mi perfil personal de Instagram algunas frases tristes que veía o canciones deprimentes que expresaban a la perfección cómo me sentía en ese momento y también recuerdo a gente decirme que no podía permitirme estar mal porque «estaba viviendo mi mejor momento profesional». Al parecer para ellos, y no les culpo, esa era la «excusa» a la que tenía que agarrarme desesperadamente para que me importase a mí misma un pimiento que por dentro estuviese rota de dolor.

Podría aprovechar este libro para escribir un capítulo-guía sobre qué no decirle a alguien cuando está pasando por una situación difícil y traumática, o simplemente explicar por qué no han de dar lecciones morales e invalidar sentimientos solo por haber atravesado una misma circunstancia, pero de distinta forma e intensidad.

Te prometo que perdí la cuenta, y sigo perdiéndola hoy en día, de la de veces que diferentes personas han menospreciado o infravalorado mi forma de ir superando este proceso solo porque no estaban dentro de los tiempos socialmente acordes donde parece que está estipulado que sean los correctos para sufrir por algo o alguien.

Fue todo complicado y sigue siéndolo. Podría afirmar que uno de los procesos más atómicos que han envuelto mi vida y una de las peores montañas rusas de ese particular parque en las que me he subido. Y sí. Era un buenísimo momento profesional, pero también uno los peores personales. Yo seguía sin ser un robot, pero, a pesar de todo, continuaba trabajando incansablemente y haciendo un esfuerzo titánico por no decaer, pese a que sentía que no podía. Y entre no poder, puedo, no poder, me caigo, puedo y me rindo, llegué a otro punto de inflexión y conexión donde me di cuenta del verdadero sentido de levantarse siempre ante cualquier adversidad y de la importancia de la inteligencia emocional y el volver a sentirme en paz conmigo misma.

En una de las muchas charlas que iba dando, dije que estaba en una etapa de mi vida profesional en el que me sentía como Becky G haciendo una gira por España, claro está, sin parecerme ni un pelo a la cantante, no sabiendo afinar ni dos notas seguidas y extrapolando esta situación al ir por diferentes universidades en distintas ciudades a hablarle a jóvenes y no tan jóvenes sobre lo profesional y, por qué no, también sobre lo personal.

Hora de viajar nuevamente a un momento concreto de espacio-tiempo clave para esta temporada de esta serie tan infinita.

Un regalo de la vida

Antes de entrar en esa crisis de desamor, se me presentó la oportunidad de dar una TED Talks en Atarfe, un pueblo de Granada —TED es una organización sin ánimo de lucro americana dedicada a las «ideas dignas de difundir» y son popularmente conocidas en todo el mundo—. Mi respuesta fue rotunda: sí. Bajo ningún concepto iba a desaprovechar formar parte de un mundo real y motivacional basado en la vida misma y a perderme esa experiencia.

Meses después, y pasado algún que otro difícil trance personal, sentimental y profesional, llegó la hora de embarcarme en la aventura. Estaba en un momento de conexión y unión absoluta entre lo personal y profesional. Sentía que era incapaz incluso de hacer aquello que tan bien se me daba, es decir, contar mi realidad profesional, hablar de mis sueños e impulsar a quien me estuviese escuchando a intentar al menos los suyos.

Fue la primera vez que necesité que alguien cercano viajase conmigo porque en ese periodo de tiempo no estaba bien ni conmigo misma ni con el mundo. Tenía ansiedad constante, lloraba porque sí, porque no y porque también sin venir a cuento. Esa tristeza interna de la que te hablaba se había instalado tan dentro que no me dejaba avanzar. A su vez me acompañaba el miedo, se había agarrado a mí con mucha fuerza mientras seguían proyectándose los capítulos de mi vida.

Los ensayos de ese *speech* fueron terribles. No sabía cómo enlazar algo tan sencillo como los escalones de mi vida profesional, me quedaba en blanco mientras otras personas lo hacían de forma brillante. Pero como siempre había pasado, tras permitirme caer, pensar que no podía más y que igual desistía de ese nuevo reto porque no podía enfrentarlo, esa misma vida me puso a alguien delante que me animó y confió en mí más que yo misma y me inspiró a hacerlo de la mejor de las maneras en la peor de las situaciones.

Al día siguiente, y con un auditorio a reventar, me subí a ese escenario temblando y siendo la persona más insegura que habitaba en aquel pueblo esa mañana. De las infinitas formas de empezar un discurso yo decidí hacerlo siendo franca y vulnerable.

Buenas tardes a todo el mundo.

Como ya ha dicho mi compañero, mi nombre es Sheila Hernández Torres, tengo veintisiete años, soy de Almería y soy periodista. Que no os preocupe a los que estáis aquí el no recordar mi cara o que tan siquiera os suene mi nombre porque hasta hace algo más de seis meses las más de seiscientas mil personas que seguían mi periódico y que, literalmente, confiaban ciegamente en mí no sabían ni quién era, ni de dónde venía ni nada. Solo sabían que era periodista y que quería transformar o hacer algo por el periodismo.

He pensado doscientas cincuenta millones de cosas para empezar esta charla, pero la clave de cómo hacerlo de la forma más sincera posible me la dio ayer alguien que trabaja en esta organización y que hace esto posible. Y es que... en este escenario veis a una persona que soy yo, Sheila, pero a mi lado está conviviendo otra persona u otra parte de mí llamada ansiedad.

Muchas veces nos dicen que tenemos que separar lo profesional de lo personal. Me gustaría saber cuánta gente está lidiando ahora mismo con situaciones muy complicadas en su mente, pero tiene que enfrentarse a ellas desde su puesto de trabajo. Porque podemos descansar un momento, pero no irrumpir de manera indefinida la rutina laboral para resolver nuestros problemas personales. Por desgracia, el dinero no cae del cielo y las obligaciones y deberes siguen estando ahí día tras día.

Quiero demostrarme hoy que, a pesar de tener a una persona intentando echarme [del escenario] y que pretende por todos los medios que yo no termine esta conversación con vosotros, soy capaz de ignorarla y centrar todas mis fuerzas en que puedo hacerlo y que me escuchéis. Es todo un reto para mí.

Por eso me gustaría acabar esta charla de la misma forma que la he comenzado y es mostrándoos que detrás de un proyecto sincero hay alguien con alma, que soy yo.

Suspiré, porque sabía que el llanto y la tristeza interna venían a mí en tres, dos, uno... No llores, Sheila, inspira y expira. Inspira y expira. Piensa. Sigue. No decaigas. Tú puedes. Y pum. Sonó uno de los aplausos más bonitos que había recibido nunca. De esos que no están pensados ni guiados por ningún animador, pero que les salen a muchísimas personas del alma de forma simultánea tras escucharte y como regalo a la valentía que estás llevando a cabo.

Miré a una parte concreta del patio de butacas y centré mi mirada en la de mi amigo y compañero de viaje, Juan Carlos. Allí estaba él, más nervioso que yo por mi situación, pero con una serenidad y confianza absoluta de que lo iba a lograr. Justo en ese instante supe que estaba permitido caer, como ya te he dicho por activa y por pasiva, pero es obligatorio levantarse. Sabía que esa situación era un regalo de la vida y yo no iba a desaprovecharla bajo ningún concepto.

Terminó con otro aplauso verdadero, de esos que provocan la satisfacción y la paz de saber que el ser tú misma una vez más ha hecho que conquistes un par de cientos de corazones. Cada circunstancia que me regala la serie de suspense infinita de mi vida me da una lección para no olvidar y en ese magnífico pueblo la aprendí. Cuando acabó el *speech,* se nos facilitaban unos espacios rodeados con sillas para que la gente se acercase a nosotros, los allí presentes que dábamos nuestras charlas, y nos preguntasen lo que quisiesen de una forma más cercana.

Entre preguntas, sonrisas, caras de asombro, de orgullo y satisfacción a la vez, y mi tristeza y ansiedad acompañándome atrás, alguien me preguntó que si podía retirarme a un lugar donde pudiese decirme algo concreto y nadie lo escuchase. Asombrada, pues nunca sabes lo que puede pasar y si van a querer amarte e inclusive insultarte, me aparté a una esquina del edificio y escuché la mejor lección que la vida profesional podía darle a la personal.

—He venido desde otro pueblo para escucharte porque te sigo desde hace mucho tiempo y quería darte las gracias por todo lo que haces y por tu forma de hacer periodismo. He pasado por un mal momento, he pensado incluso en dejar de estar aquí, y un día al azar leí una publicación de *es.decirdiario* recalcando la importancia de vivir y perdonarse. Desde ese instante he aprendido a valorar mi vida y me ayudó mucho. Gracias.

Querida Yang:

Has vuelto a aparecer y ya estás haciendo de las tuyas. Me has traído un regalo en forma de luchar contra las adversidades de la vida. Has plantado ante mí a una persona que, gracias a unas palabras, motivadas por un momento de mierda personal, ha perdonado su propia existencia y ahora abraza al miedo y a la felicidad a la par.

Me has dado una bofetada para que espabile y deje la tontería, y me ha dolido. Me has demostrado otra vez que no importa cuántas veces esté atravesando un momento difícil que me haga imposible conciliar muchos aspectos de mi día a día, pues lo realmente satisfactorio es lo que significa la transparencia de asumir no estar bien, el orgullo de no caer en vidas supuestamente idílicas, el entender que ya estaré mejor, el no castigarme por ello y el hacerme ver que, una vez más, y aun costándome más tiempo de lo habitual, voy a volver a lograrlo.

Resulta sanador experimentar un proceso de cura de corazón. Aquí estoy, escribiendo sobre mis sentimientos personales y haciéndolo desde un proyecto profesional. El paso del tiempo y las moralejas populares me han enseñado que en un mundo un tanto horrible, lleno de gente tóxica, incapaz de aplicar la empatía y sin apenas inteligencia emocional, que viene y va y vive y revive como ese particular monstruo, puedo seguir siendo yo misma, con algo más de miedo por el dolor, pero con la sensación increíble de que hago lo que me apetece cuando lo necesito y siempre desde la sinceridad y maduración emocional uniendo a una Sheila persona y una Sheila periodista.

Sin ser yo ninguna gurú o experta en el amor y el trabajo, por favor, que nadie invalide nunca tus sentimientos por el simple hecho de no comprender tu intensidad y la dimensión de tu corazón y capacidad de querer. Sigue tu propio proceso de aprendizaje y entiende que estás ante un torbellino de aceptación de emociones que atravesarás, y no de forma ilesa. Permítete no sonreír un día, dos o siete hasta que realmente logres hacerlo sin forzar. Realiza tu trabajo de la mejor manera que puedas y entiende que no cada hora de tu existencia puedes estar feliz. Y, sobre todo, nunca te castigues preguntándote cosas que solo puede responder otra persona y que, quizás, nunca haga.

¿Estás leyendo finalmente estas líneas? Eso es sinónimo de que sí he sido valiente y estás ante el capítulo que escribí una noche en la que quise desaparecer del mundo acompañada de las canciones más tristes de fondo. Gracias por acompañarme en este viaje en el tiempo entre el 2020 y el 2022 y leer lo que para mí ha significado perder, de dos maneras muy diferentes, a dos personas para siempre. No sé si en algún momento imaginarías que estaría hablándote de esto aquí, pero yo nunca fui un robot ni pretendí serlo.

4
NUNCA ES COSA DE NIÑOS

¿Me recuerdas? Soy esa persona a la que excluías y la que se pasaba los recreos encerrada en el baño para esconderme y que no pudieses encontrarme.

Soy el miedo a los grupos en educación física, los trabajos de clase y las excursiones porque me dejaste sola, sin amigos.

Soy el que olía mal y daba asco.

Soy el cachalote, la vaca y la morsa.

Soy la marimacho.

Soy la nueva, a la que decidiste apartar de todo el mundo y la que nunca pudo hacer ni un solo amigo.

Soy la que nunca fue popular porque me gustaban cosas diferentes a ti y a tus amigas, y ese era motivo suficiente para hacerme la vida imposible.

Y también soy el maricón, y recuerdo cuando tu padre le dijo al resto que nadie se acercase a mí.

Soy Dumbo. Aún tengo en la retina cuando todos me rodeabais, me señalabais y empezabais a reíros de mí y a insultarme por el tamaño de mis orejas.

Soy el chico que tenía que pagarte cada día para que no me pegases.

Soy la zombi de las ojeras, esa a la que nadie podía tocar porque contagiaba. Recuerdo pasar años sin que alguien se acercase a mí.

Soy la persona a la que le rompiste la muñeca y la pierna, a la que ataste a una valla hasta hacerme llorar y a quien pegabas cada día.

Soy a la que escupías porque su físico no te agradaba. Soy el palo andante que te daba asco y a su vez la chica de la que te descojonabas en cada lugar.

Soy la camionera y también soy el Barbie.

También soy la niña de la que te reías por tener pelo en los brazos.

Soy el gafotas y la cuatro ojos.

Soy la que llevaba un parche para corregir mi visión y a quien se lo quitabas a la salida.

Soy ese chico al que perseguías de camino a casa y le pegabas delante de la gente cada día para que viesen que eras el matón del instituto.

Soy a la que le jodiste la vida difundiendo un vídeo íntimo con el objetivo de que todo el mundo se riese de mí.

También soy a la que gritabas e intimidabas por los pasillos. Y a la que también le pegabas.

Soy esa con la que te cebaste durante años por el simple hecho de tener acné.

Soy todas y cada una de las fotos espantosas en las que etiquetabas mi cara comparándola con cosas horribles.

Soy la hermana del chico al que dejabais en las esquinas y corríais cuando le veíais.

Soy la fea, el botijo, la barril y el balleno.

Soy la última en la famosa lista de guapas de la clase y tu argumento es que era la más gorda y repugnante.

Soy el raro, el friki, la listilla, el empollón, la hija de la profesora.

Soy a la que mordías hasta hacer sangre, a la que perseguías por cualquier rincón del colegio y a la que le tirabas del pelo.

También soy la puta y la guarra.

Soy esa a la que le hiciste *bullying* a través de sus redes sociales.

Soy la que se inventó mil y una enfermedades por miedo a verte un día más en clase.

Soy la chica de la que te reías creando perfiles anónimos y subiendo fotos mías mofándote.

Soy a la que le hiciste beber agua del inodoro.

Soy la loba, el enfermito, la leprosa, el piojoso y la cancerígena.

Soy todo eso, y también todo lo que me has hecho ser. Ahora también soy un trastorno de alimentación provocado por esas supuestas cosas de niños.

Soy más de diez años de malos sueños y medicinas.

Soy dos intentos de suicidio, un internamiento en un centro especial y el miedo constante a que se rían de mí.

También soy la que sufre anorexia nerviosa y he llegado a pesar treinta y tres kilos.

Soy la que se cambia de acera con tal de no cruzarme con nadie.

Soy un chico tímido e introvertido que nunca habla con ninguna persona.

Soy la que se ha pasado la vida sin amigos, y aún sigo sola.

Soy más de diez pastillas diarias y un equipo de psicólogos.

Soy un sueño frustrado de estudiar porque tu acoso me hizo abandonar mi camino.

También soy cortes en los brazos y diferentes formas de manifestar el dolor que me provocabas.

Y las pesadillas constantes de la noche.

Soy un trastorno de personalidad.

Soy una bulimia de la que no consigo recuperarme.

Soy la cara que nunca se muestra porque mi pelo la tapa.

La tristeza y el dolor en el corazón.

Soy esa falta de autoestima que, por mucho que trabajo, no consigo mejorar.

Soy inseguridad, miedo y ganas de dejar de vivir.

Todo el que podría haber sido y no me dejaste ser, querido maltratador, querida maltratadora.

Soy esa que dejó atrás a alguien con ilusión y espíritu de vida.

Y más allá de todo lo que he sido y podría haber llegado a ser, soy lo que tú me has enseñado que no debe ser en la vida. Y lucho cada día para que nadie se convierta en ti y en lo que hiciste de mí.

¿Me recuerdas?

¿Te sigue pareciendo esto una cosa de niños?

¿Cuántas veces te has acordado de que tu forma de actuar contra mí me cambió la vida?

Por cierto, también soy la persona que escribe por ella. La que se suicidó con trece años y me pidió perdón por no aguantar más. Le destruiste la vida y no, nunca fue una cosa de niños.

Te deseo de corazón que, ojalá, ninguna de estas líneas haya supuesto un pequeño disparo a tu corazón o simplemente el abrir ese cajón que representa un momento determinado de tu vida que te marchitó como persona por las acciones de mierda de otras.

Esta publicación es una de las que más me ha costado redactar, y publicar, en los más de tres años y medio que llevo dedicándole a mi periódico. Cada persona que decidió contarme sus vivencias me transportaba a las mías propias hace años. Fue un auténtico calvario y durante esa tarde lo viví una y otra vez en bucle. Cuánto dolor común repartido entre tantas personas tan diferentes y cuántas formas de salir, o no, reconstruidos física y mentalmente de tanta maldad...

Esta «carta» fue elaborada por mí durante horas incontables y gracias a la ayuda de los testimonios de más de ochocientas cincuenta personas que un día decidieron escribirme su particular infierno y hacerlo visible a través de *es.decirdiario* con el objetivo de demostrar que las «cosas de niños» no son meramente «cosas de niños».

No recuerdo el número exacto de entrevistas que me han hecho en los últimos años, pero si hay algo que no voy a olvidar jamás son dos preguntas concretas que me hizo el presentador andaluz Juan y Medio.

El 16 de septiembre de 2022 fui a su programa para hablar de *es.decirdiario* y darle una sorpresa a mi abuelo. Para quien no lo sepa, su magacín *La tarde aquí y ahora* es un referente absoluto en Andalucía para la gente mayor.

Yo aproveché otra de las oportunidades que me brindó la vida para, además de hablar de mi trabajo, reconocerle y darle las gracias públicamente a mi abuelo por el esfuerzo titánico que había hecho en su vida para sacar adelante la mía propia. Como ya te he contado.

Entre bromas típicas de Juan, guiñitos por aquí y por allá, humor andaluz aliñado y palabras bonitas inesperadas, hablamos del acoso escolar y del *bullying*. Y ahí fue cuando él, que tanto sabe y se nota, dio en el clavo exacto para abrir mi alma en canal.

—Hay veces que utilizas tu plataforma para centrarte en temas de interés general y que a ti te han afectado especialmente como, por ejemplo, el acoso escolar. ¿Por qué tienes ese compromiso con ese tema? ¿Tú lo has sufrido? —me preguntó.

Breve, conciso y directo. Y tan directo y transparente que me hizo serlo a mí también.

Si tuviese que elegir un «soy» de esa carta inicial, sería la ballena, la gorda, la foca, la morsa y cualquier otro adjetivo que se te ocurra relacionado con el sobrepeso. Ese ha sido mi gran lastre en la infancia y gran parte de la adolescencia, y uno de los peores cajones que he arrastrado y arrastraré toda la vida. Resulta jodidamente asqueroso buscar una explicación a por qué por el simple hecho de estar gorda tuve que convertirme en la diana de las risas, los insultos y las humillaciones de tanta gente.

Recuerdo caminar por una vida pasada y hacerlo a través de un eterno chaparrón de risas y carcajadas. He olvidado de manera inconsciente y por fortuna muchos momentos. Sin embargo, hay otros que tengo grabados a fuego y resaltan en un flúor imposible de obviar.

En el colegio fui medianamente feliz, aunque también fui la gorda para muchos y muchas. Formé parte de ese grupo de chicas que no podían ser parte de un otro, supuestamente más guay, Dios sabe por qué. A partir del instituto fue todo a peor y comenzó ese martirio que intento recordar lo menos posible.

La gorda

Cojamos de nuevo esa máquina del tiempo que te acerca a mí y a mis circunstancias en momentos determinados de este libro y viajemos. Nueva parada: la ESO en su totalidad.

Recuerdo un choque brusco de realidad. Pasé, como todos mis compañeros, de ser la mayor del colegio a ser la pequeña de un instituto formado por cientos de niños y niñas.

En la primera semana de ese lugar extraño un chico problemático, bastante más mayor, entró a mi clase a tirar todas las tizas al suelo y por los aires. Supongo que sus dos neuronas estaban chocando entre sí y le parecería gracioso. Varios le dijimos que las dejase en su lugar y que no estropease el material de nuestra aula. Y desgraciadamente, de entre los que hablamos, él se fijó en mí.

Desde ese momento fui su objetivo. Venía en cada intercambio a tirar tizas al suelo, a tirármelas a mí y, por supuesto, a llamarme gorda. Cuando no pude más, entre uno de esos días de tizas e insultos, le dije que hablaría con el director y le contaría todo. Lejos de parecer una advertencia que le hiciese frenar, pareció ser una palabra mágica para aumentar su rabia e ira injustificada contra mí. Pero ya no solo vino él, también su amiga, bastante más macarra y agresiva.

Llegué al límite de no poder más. Entre no ir al instituto y fingir estar mala por miedo a encontrarme con ellos o dirigirme a mi madre y contarle todo con pelos y señales, elegí la segunda opción. Y ella, que lo tiene bien puesto, se presentó en el instituto y, para que nos entendamos de la forma más llana posible, la lio de tal manera que el asunto se zanjó de una forma tan radical que no recuerdo más allá de lo que te cuento en estas líneas.

Estos meses solo fueron un par de llamas a modo de advertencia del camino que me llevaría hasta el auténtico infierno. No pretendo autolesionarme mentalmente exponiendo todos y cada uno de los sucesos, pero me vienen a la mente tantos momentos flúor... Desde cuentas anónimas creadas en redes sociales para llamarme gorda y hacerme sentir la persona más fea del mundo, pasando por gente que conocía haciéndose fotos tratando de imitarme y, luego, subiéndolas a Internet con una infinidad de insultos que, claramente, eran por y para mí y avanzando hasta compañeros de clase que entre recreos se quedaban en el aula y pintaban en la pizarra: «Sheila, Godzilla», con el fin de que cuando el resto entrase al aula se riese de mí.

El acoso no tiene límite

Sigamos viajando, por favor. Primero de bachillerato. Y sí, he dado un buen salto en el tiempo, casi sin avisar, porque no puedo evitar acordarme de otro de esos momentos flúor. Lo que me hizo este espécimen y sus secuaces títeres no voy a olvidarlo nunca porque marcó uno de los antes y después más importantes en mí.

Durante esos años, teniendo yo dieciséis o diecisiete, me había empoderado lo suficiente como para no sentir asco de mí misma. Suena duro, pero es que llevaba toda la vida sintiéndome un adefesio por la gente que me había convencido con sus insultos que sí que lo era.

Entre tantos fea, gorda, foca, ballena, pelota, cachalote y algunos motes más, yo, sorprendentemente, había llegado a ese punto en el que me hacía fotos porque me gustaba a mí misma y las subía a mis redes sociales porque me daba la reverenda gana, básicamente.

Diez u once de la noche. Periodo festivo de Navidad. Me llegó un wasap de la que por entonces era la novia de mi mejor amigo. Me pasó un pantallazo de una conversación que estaba manteniendo con uno de sus amigos, o conocidos, en esta aplicación de mensajería. Una persona que no tenía en mis redes sociales y a la que tan siquiera le ponía cara había decidido coger una foto mía sin mi permiso de mis redes, hacer un fotomontaje simulando que yo era el Monstruo de las Galletas y pasarla como felicitación navideña. ¿Sabes cuántas personas le rieron la gracia? Todas menos la que valientemente decidió contarme lo que estaba ocurriendo y enfrentarse a él sin reírle ni una sola «gracia».

Recuerdo llorar, temblar, seguir llorando. No podía respirar y a la vez tenía mucho miedo porque otra vez me había vuelto a sentir una mierda. Tenía también una gran pena por no poder salir corriendo de mi habitación y contarle todo a mi familia para no hacerles sufrir con mi dolor. La rabia, la indignación, o no sé qué otro sentimiento, me hizo subir a mis redes esa «felicitación» contándole a todo el mundo lo que me había hecho ese chico y haciendo, o intentando, reflexionar a una sociedad perdida, al menos en ese instante, sobre cuál era el límite del acoso y qué tenía que hacer con mi vida para que parase todo.

De repente, entre el surrealismo más absoluto, empezaron sus amigos —uno de ellos compañero mío de clase—, a felicitarle por la imaginación que había tenido, riéndose de mí y humillándome aún más si cabía. Por cierto, un beso a esos chicos que, alguna que otra vez, se atreven a compartir cosas en sus propias redes sociales sobre el acoso escolar y sucesos relacionados con el *bullying* habiendo sido ellos partícipes del más absoluto acoso posible desde las risas y el silencio. Un poco de autocrítica y reflexión y a seguir con la vida. Que al menos la vuestra no está marcada de forma traumática por nadie.

Qué duro ha sido, querido lector, querida lectora —y sobre todo amado familiar— que por primera vez estés palpando mi infierno habiendo querido yo ocultártelo tantas veces para no causarte dolor. Ese dolor que arrastraré por siempre, en mayor o menor medida.

Demonios de ayer para un futuro mejor

Estas llamas de mi particular infierno son unas pequeñas pinceladas de lo duro que fue encontrarme con tantos demonios en un mismo lugar mientras yo solo intentaba caminar y prosperar en la vida, como cualquier otra persona.

Con el paso del tiempo he entendido muchas cosas. ¿Pero sabes qué? Que no modificaría nada de mi pasado, no vaciaría ni un solo sentimiento de este cajón, no dejaría de arder durante unos años en ese infierno y no cambiaría absolutamente nada. Y no lo haría porque esas circunstancias me han hecho entender que, hoy por hoy, soy lo que soy por lo que me han hecho ser. Si he tenido que pasar todas esas situaciones a las que nadie debería enfrentarse jamás para que adquiera una madurez y un compromiso social «especial», tenga este proyecto tan «diferente» y lo utilice para decir sistemáticamente no al acoso escolar, lo asumo. Dentro del asumir nos encontramos con que la diferencia entre decir y hacer es, precisamente, la de llevar la teoría a la práctica.

Parte de la sociedad aparenta de forma constante. Vivimos en la era de lo efímero donde hoy me vuelco con una causa, teoría aplicada, pero días después se me olvida por completo porque la paja en ojo ajeno impacta, pero no termina de mellar tan dentro.

es.decirdiario es justo el hacer y la práctica progresiva sin perderse en lo efímero del momento. Con lo poquito que sé de mi profesión, apoyada siempre por mi proyecto, he logrado entenderlo casi todo de la manera más simple posible. En esta parte de la vida, una obra de mierda a la que nadie querría asistir, mi yo, mis circunstancias y mi compromiso social tienen un papel ínfimo, pero efectivo, en la lucha contra estas lacras sociales.

No soy ninguna maga. Tampoco tengo superpoderes. No he visto en mi vida una varita mágica, ni soy la salvadora del mundo ni la justiciera que va repartiendo moralejas en forma de polvo de hadas. Ni cualquier otra frase que intente restarle valor a lo verdaderamente importante. Tan solo soy una persona extremadamente sensible —muy a mi pesar a veces— que arrastra vivencias duras que la hacen concienciarse de una realidad común y que ha sabido transformar todo lo que te escribe, en cierta forma, en una acción radical que denuncia y visibiliza el acoso escolar y el *bullying* en todos sus estados a través de su profesión.

Vivir para entender. Y mientras vivo, porque por suerte estoy aquí y puedo contarlo, intento razonar sobre algún que otro por qué. Hasta mi periódico han llegado infinidad de casos relacionados con acoso escolar de menores sufriendo desmesuradamente en esos lugares llamados colegios que deberían ser seguros para ellos. Esos niños tendrían que tener la única y sencilla preocupación de estudiar y jugar, pero por desgracia no es así. Muchos están empezando a formar parte de esa espiral en la que yo misma me encontré.

Me gustaría poder decirme a mí misma que he adquirido la habilidad suficiente como para desconectar de mi profesión, saber decirme a mí misma «basta» y aplicar la lógica de que no puedo hacer de todos los problemas ajenos los míos propios, pero no. No lo he conseguido, y por esta razón, y en su mayor parte del tiempo, me quitan el sueño. Aunque lo cierto es que por no conseguirlo y a veces permanecer despierta, y gracias a formar una comunidad increíble, he logrado cosas indescriptibles.

Hace unos meses alguien me hablaba de un incidente concreto de *bullying* y me pedía que lo publicase e intentase hacer visible esa injusticia. Otro caso más. Me pasaron un vídeo en el que escuchaba cómo diferentes menores de edad le cantaban a este chico un particular feliz cumpleaños entre burlas y risas:

—Feliz cumpleaños, gordo, puto gordo, feliz cumpleaños. —Todo mientras el menor permanecía sentado, llorando y escuchándolos una y otra vez.

Mis monstruos vinieron a mí, algo inevitable, pues ese dolor nunca se ha esfumado, y escribí la historia transportándome hacia esa niña a la que todos llamaban gorda y ballena. Mi yo periodista totalmente objetiva se esfumó, y se sigue esfumando siempre que hago visible este tema, porque es imposible contar algo así de manera intacta cuando dentro de ti se remueve todo un infierno. Me frustré y sentí que me había fallado un poco como profesional al involucrar lo más sentimental de mí misma en la redacción de un suceso.

Noticia subida. Suceso contado. Comenzó a pulular el vídeo por las redes sociales y no tardó en hacerse viral. Trece millones cuatrocientas mil visitas. Las imágenes del menor llegaron a cada rincón del planeta, medios de comunicación nacionales e internacionales incluidos se hicieron eco de lo ocurrido... Aquí, infinitas personas aplicaron esa teoría en forma de denunciar públicamente su desacuerdo con los acosadores y gritar un rotundo no contra estas acciones.

Supongo que todo podría haber quedado aquí, como suele pasar, pero... ¿y el dicho y hecho? ¿Y el compromiso social que hace diferente a mi persona y mi proyecto? Aquí fue donde la vida vino a darme un soplo de aire fresco y a hacerme ver que no debía sentirme menos profesional por ser más persona. Es lo más humano del mundo.

Solo a una cabeza loca como la mía se le ocurrió lanzar una petición en una plataforma formada por más de quinientas mil personas por aquel entonces.

> Hola a todos:
>
> Quiero que me ayudéis a hacerle un regalo especial a este chico por su cumpleaños. Pasadme un vídeo de tres a cinco segundos en vertical al siguiente correo electrónico felicitándole. Gracias.

Me llegó otro mensaje mientras estaba exportando parte de todos esos vídeos: «Oye, ¿y si algún famoso que le guste le felicita? Pregúntale a un familiar, que te lo diga y entre todos lo conseguimos», me decía.

Aquí mi yo coherente podría haber dicho que era hora de frenar, pero decidí no hacerle caso. Me puse en contacto con el hermano y me dijo quiénes eran sus referentes más conocidos. Lo expuse públicamente y, además, comencé una cadena de favores pidiéndole a gente conocida que seguía a *es.decirdiario*, y que sabía que leerían el mensaje, que se uniesen a la causa.

Me pasé literalmente doce horas sentada en la silla de mi comedor delante del ordenador recibiendo miles de vídeos y editándolos todos en uno solo de la forma más condensada posible. Tenía claro que no iba a terminar el día sin que ese vídeo estuviese listo y ese niño entendiese un mensaje importantísimo que quería lanzarle.

Confío y creo en el lado del periodismo más humano e íntegro. Aquel periodismo que superpone la salud física y mental de cualquier persona que habita el planeta sobre cualquier otro tema. Porque sin vida no hay nada más. Ese día contaba la historia del menor que sufría acoso y, gracias a escuchar a todo el mundo, desarrollé esta iniciativa de la que te hablo.

El resultado me pone los pelos de punta y me enorgullece recordarlo. Cientos de miles de personas me enviaron vídeos felicitando al pequeño de la mejor de las maneras. Jugadores de fútbol, actores y actrices, cantantes, *streamers,* personalidades públicas del ámbito nacional e internacional, mamás, papás, niños pequeños, bebés, adolescentes, perros, gatos... Todos unidos a esta particular «fiesta» que organizamos. Más de cuarenta y cuatro minutos de vídeo, infinitos rostros desconocidos y conocidos dispuestos a cambiar un suceso traumático en un momento puntual y convertirlo en un momento mágico.

El poder de las redes y de este periodismo me ayudó a crear algo que pisó lo suficientemente fuerte como para decir no a todas esas cosas incorrectas que no deberían ocurrir y ocurren. Ese día, escuchando a pequeños decirle al menor «no hagas caso a esos niños que son malos», «ojalá estuvieses en mi cole para ser mejores amigos» o «me encantaría ir a tu cumple y cantarte el verdadero cumpleaños feliz», entendí que nunca podré cambiar el mundo en su totalidad, pero sí que conseguiría cambiar diminutos universos de personas concretas que lo estuviesen pasando mal.

A mí nadie me cambió parte de la vida, pero ese día miles de personas unidas por un loco conector llamado *es.decirdiario* consiguieron demostrarle a alguien que estaba en el momento equivocado, en el lugar incorrecto y rodeado de personas que no eran las idóneas. Bastaron cuarenta minutos para borrar una experiencia traumática, demostrarle que el amor siempre es más y mueve el mundo y conseguir que, hoy por hoy, sea completamente feliz.

* * *

En diciembre de 2022 se hizo viral desde *es.decirdiario* otra noticia relacionada con el acoso escolar a un menor. El pequeño escribía una carta a los Reyes Magos pidiendo que sus compañeros dejaran de insultarle.

Mi cabeza, que va a mil por hora, creó una iniciativa, otra más sumada a las locuras ya realizadas, pensando que habría más niños en una situación similar y que les animaría, o gustaría, recibir cartas repletas de amor y cariño de la gente.

La iniciativa comenzó con un claro objetivo: actuar de alguna manera contra el *bullying*, pero… ¡esto creció mucho más! Cientos de personas enviaron un *e-mail* pidiendo una carta, y no solo hablaban de situaciones relacionadas con el acoso. Había nietas que pedían cartas para sus abuelos y abuelos que lo hacían porque se sentían solos y/o tristes. Personas que necesitaban aliento porque habían perdido a algún familiar o simplemente desahogarse y contar su historia. Otras con durísimas enfermedades queriendo recibir amor… ¡Y un sinfín de casos!

es.decirdiario consiguió unir a más de siete mil quinientas personas que enviaron un correo ofreciéndose de manera voluntaria a las personas que lo necesitaban.

Fue y sigue siendo increíble leer las historias, recibir las contestaciones de gente agradeciendo las cartas, escuchar audios de niños pequeños emocionados, confiando en que hay más gente buena que mala en el mundo, ver los detalles pensados al milímetro de esos voluntarios para hacer sonreír a esas personas que no conocen, establecer lazos de unión al azar...

Este sábado quedé con una de las chicas que me mandó una carta-conexión. Nos hicimos muy amigas y hablamos mucho.

Siempre me escucha y me aconseja. Ella vive en Zaragoza y este finde vino a Bilbao. Quedamos para vernos y pasamos la tarde juntas.

Dentro de la carta que me envió venía una pulsera de la medida del Pilar que no me he quitado desde el día que abrí su carta. Ella tiene la roja y a mí me regaló la azul.

Este es solo un ejemplo de los muchísimos correos y mensajes que he ido recibiendo en estos meses. Dos personas totalmente desconocidas unidas por el azar y la magia de querer ayudar y conseguirlo con éxito.

Por eso decidí mantener la iniciativa, hacerla permanente. ¿Por qué borrar solo una experiencia traumática pudiendo demostrarle a toda una sociedad que el amor siempre es más y mueve el mundo?

Así que, si necesitas una carta, sea cuando sea y por el motivo que sea, no dudes en acudir aquí. Alguien te ayudará a continuar con sus palabras. *E-mail:* necesitounacarta@gmail.com.

* * *

Y por esto merece la pena amar incondicionalmente el oficio más bonito y puro del mundo: el periodismo. Teniendo siempre presente las consecuencias añadidas de ser una persona altamente sensible y concienciada en exceso —si eso es posible— que quiere dar visibilidad a cualquier causa que ayude a los demás.

Querido maltratador, querida maltratadora:

Me dirijo a ti. Tú que eres quien le da sentido a cada párrafo de estas páginas. Tú que eres todas las causas, consecuencias y acciones pasadas y presentes.

Tú, esa persona que ha formado parte de ese pasado del que he hablado y que tanto ha marcado mi vida.

Ahora solo necesito decirte que lo siento por ser quien fuiste y por lo que probablemente seas hoy en día, y gracias por transformarme con tus acciones, por machacarme hasta pulirme, por convertirme en lo que soy y por hacerme plenamente consciente de que jamás seré con otras personas como tú fuiste conmigo.

5
TODO LO QUE ESPERABA (Y NO) DE LAS REDES SOCIALES

El doctor Liendre, que de todo habla y de nada entiende —ni se molesta en observar para comprobar—, es un claro reflejo de un prototipo específico de persona que, tristemente, comparte oxígeno con todos nosotros y, como dirían los fanáticos de los memes, también vota.

Estos «especímenes» emplean casi la totalidad de su tiempo impartiéndote lecciones sobre cualquier ámbito en la vida, a la vez que se dan sus respectivos golpes de pecho desde una falsa superioridad moral e intelectual acompañada de insultos. Llegan, te recriminan siempre, te exigen que hagas o digas determinadas cosas y anuncian que se van. Todo esto sucede mientras se encuentran tumbados en su sofá, quejándose del horrible mundo que nos envuelve y, por supuesto, sin ellos mover algo más que sus dedos mientras escriben.

«¿Por qué no hablas de esto? ¿No decías que eras imparcial?», «Te dejo de seguir porque no has contado que en mi pueblo ha sucedido esto», «¿De verdad has puesto presunto o supuesto cuando está claro que ha cometido ese delito? ¡Qué decepción!», «Dices que intentas ayudar al mundo y no te he visto comentar lo que ha pasado en un pueblo de siete habitantes de Japón» u «Hoy estás publicando esta noticia porque lo ha hecho un hombre, pero no te vi haciéndolo cuando lo llevó a cabo una mujer» son algunas de las superfrases que me lanza de forma constante el doctor Liendre.

Ese doctor Liendre es incapaz de pararse a pensar durante unos segundos que quizá yo todavía no he desarrollado un superpoder que duplique mi persona y pueda viajar a cualquier parte del mundo y comprobar de manera instantánea si ha ocurrido esto o lo otro. No quiere entender, desde la lógica y apartando su lado maquiavélico, que el hecho de que yo no informe o comente algo no quiere decir que esté tratando de ocultarlo, simplemente es que soy humana y, a veces, no consigo llegar a todo.

Tampoco tengo la puerta mágica de Doraemon que me transporta a cualquier rincón del globo. Y tampoco soy como el resto de doctores Liendre, hay conocimientos que se me escapan por completo y reconocerlo no me hace ser menos. Soy una persona con dos ojos, dos manos y dos piernas, y no estoy en cada parte del confín de este planeta para saber todo lo que ocurre. ¡Si te dijese la de veces que me he enterado y empapado de información sobre un suceso determinado gracias a que los lectores de *es.decirdiario* me han hablado de algo concreto! Y lo han hecho, además, de la forma más educada posible, sin exigencias y entendiendo siempre que no es posible saberlo todo. ¡Bendita suerte! Es absolutamente mágico tener a gente en este mundo virtual que aporta sin apartarse y suma a mi ignorancia grandes conocimientos con sus reflexiones desinteresadas.

Todos hablan de las redes sociales, incluso esas personas que no tienen o que no llegan a comprender su funcionamiento, pero muy pocas realmente han padecido las ventajas y consecuencias de lo que supone girar en torno a ellas cada día. Mientras yo lo hago, laboralmente hablando, me reconforta experimentar sensaciones: agrias, dulces, ácidas, amargas... De hecho, he aprendido a apreciar mi sabor favorito probando lo que significa acercarme a todo tipo de situaciones.

Sensaciones agrias

Hace meses tuve una sensación muy agria. Sentí que en mi estómago se hacía uno de esos nudos imposibles de desatar, pero que después de un par de intentos, y pensando en cómo hacerlo, acabé desanudándolo con éxito. Ese tipo de sensaciones, sin duda, llegan para traspasar el raciocinio, conseguir en mí una reflexión inusual y, por insólito que parezca, darme paz.

La sensación de la que te hablo vino porque hace muchos meses, cuando aún estaba aprendiendo a gatear sobre este mundo llamado redes sociales, decidí borrar una publicación por la presión social que sentí por parte de, literalmente, un par de personas de entre miles. Lo dirá todo el mundo, pero te prometo que a mí sí que me ha importado siempre la opinión de todos y cada uno de los que forman parte de *es.decirdiario*. Aunque para parte de la frívola sociedad los seguidores solo sean suculentos números, para mí no han dejado de ser nunca personas que sienten y padecen.

Hace más de tres años y medio comenzaba mi sueño, el crear ese medio de comunicación atípico, el querer convertirlo en un pequeño referente y el querer demostrar a la sociedad que existía una alternativa al periodismo, y que no importaba que tuviese veinticuatro años para hacer esto posible.

En todo este tiempo he tenido que lidiar con lo peor de cada generación, que en su totalidad forman una conjunta. Te hablo de la sociedad más hipócrita y, por supuesto, apadrinada por el doctor Liendre. La generación que comparte sin cesar información sobre salud mental y la que a su vez se refugia detrás de perfiles anónimos, y no tan anónimos, para faltar el respeto, vejar y hostigar. La sociedad que abandera la libertad de expresión y que a su vez te crucifica si no expones algo tal cual lo creen ellos como cierto. La sociedad más mal sobreinformada en mucho tiempo y la que más presume de saber sin tener realmente ni idea. La sociedad que te pide objetividad y que a su vez te condena por no posicionarte.

En estos años he escuchado muchas cosas de mi proyecto y de mí misma. El doctor Liendre ha hecho de las suyas. Ha venido, ha vomitado, ha dado un consejito moral y se ha ido. Y como resultado todas estas ambigüedades que, por fortuna, demuestran que mi proyecto no es lo que ese gran supuesto experto cataloga:

— El doctor Liendre dice que *es.decirdiario* es un periódico «feminazi» por denunciar crímenes llevados a cabo por hombres, pero oye, que también es un periódico «machista» que «siente odio hacia las mujeres» por condenar crímenes llevados a cabo por ellas.
— El doctor Liendre dice que *es.decirdiario* es un periódico «facha» por resaltar las buenas labores policiales de los Cuerpos y Seguridad del Estado y también un periódico que es «un peligro para la sociedad por denunciar malos actos y prácticas llevados a cabo por policías».
— El doctor Liendre dice que *es.decirdiario* es un periódico de izquierdas y también es un periódico

de derechas. Blanquea, tapa y es «chaquetero» porque «no se posiciona». Es que resulta entre cómico e irónico, pero es la absoluta realidad que llevo viviendo día tras día.

— El doctor Liendre dice que *es.decirdiario* es un periódico financiado por el Gobierno y también un periódico financiado por partidos opuestos a este.
— El doctor Liendre dice que *es.decirdiario* es «racista» por especificar la nacionalidad de quienes cometen actos vandálicos o meramente positivos y a su vez que también es un periódico que «oculta información porque no menciona datos relevantes como la procedencia de cada persona».
— El doctor Liendre dice que *es.decirdiario* es un periódico en el que «no hay libertad de expresión» porque se borran comentarios. Aquí es cuando yo me pregunto: «¿por qué no especifican estos seres virtuales qué tipo de comentarios se borran?». En algo más de tres años y medio solo he tenido que bloquear a treinta personas, imagina mi paciencia (infinita) y el contenido de esos comentarios... A buen entendedor, pocas palabras escritas aquí bastan.

Podría seguir con un amplio abanico de comentarios que he recibido de esta generación apadrinada y solo por hacer una cosa: aprender a informar de la forma más objetiva posible, sin dejarme guiar por la amplia contaminación de fuentes politizadas en la actualidad, sabiendo cuándo rectificar y afrontando que hay que pedir disculpas por equivocarse a la hora de exponer según qué suceso.

Con el tiempo, afortunadamente, y después de torturarme hasta la saciedad y caer en la autoculpabilidad de no entender por qué llegaban a mí ese tipo de críticas, he deducido que *es.decirdiario* es mucho más que todo eso, querido doctor Liendre.

Sensaciones dulces

La sensación más dulce es comprender que *es.decirdiario* es más que cualquier palabra que se le ocurra a personas que vienen, siguen la cuenta en diez segundos y sin conocer lo más mínimo, u observar lo pertinente, juzgan. También es constancia, ganas de aprender, el leer a quienes escriben críticas y sugerencias, el apoyar causas sociales sin importar el lugar de procedencia, el dar visibilidad a cosas que se quieren ocultar, rectificar públicamente ante cualquier error y las infinitas ganas de hacer periodismo.

También soy yo, una chica de veintiocho años a la que no le importa pasarse días sin salir de casa únicamente por aportar cualquier información relevante a la sociedad o dar luz a una historia que la necesita.

También es una periodista que no ha dejado de publicar y de estar al pie del cañón en todos estos años, inclusive en momentos en los que he perdido a seres queridos o he tenido días de auténtica mierda. Suena duro, pero más duro es escribir una noticia mientras estás en el sillón de un tanatorio velando a un familiar, por no fallar a una comunidad ni a tu trabajo.

También es una ilusión, un sueño cumplido, las ganas de crear y de crecer. Y es amor propio por el periodismo. Ese amor propio que tanto se nos pide a las personas y que esta profesión, por desgracia, ha ido perdiendo progresivamente.

Sensaciones ácidas

La sensación más ácida es el peor lado de las redes. Pocas personas se han adentrado en él, pero casi todas tienden a justificarlo o a restarle importancia con esa frase que rechina más que la tiza que chirría en la pizarra de clase:

—Tienes que acostumbrarte, es el precio que has de pagar por tener seguidores.

¿Disculpa? ¿Cree esa gente que «por tener seguidores» me debo de acostumbrar a convivir con las cloacas de la sociedad en su más puro estado tóxico? ¿Cree esa gente que «por tener seguidores» tengo que ser el saco de boxeo de personas que tienen días, y quizás una vida, de mierda? ¿Cree esa gente que «por tener seguidores», y aplicando yo al cien por cien el más absoluto respeto, cuidando minuciosamente cada palabra que expongo para no herir sensibilidades y empatizando con todo el mundo, debo aguantar al tonto o a la tonta de turno de las once que viene a vomitar su ira social contra mi proyecto? ¿Desde cuándo se ha aceptado esa espantosa frase para justificar tanto odio y acoso en redes sociales? ¿Quién cree que es correcto o que esto puede ser un consejo lícito?

Esa generación apadrinada habla de los seguidores de la forma más frívola del mundo. Hay quienes solo ven en *es.decirdiario* la cifra de ochocientos mil. Alucinan y preguntan desde el asombro, pero desde bajo ningún concepto valoran:

—¿Cómo has conseguido tantos seguidores?

E inmediatamente llega la pregunta estrella que nunca falla y que saca lo peor de mí:

—Son comprados, ¿no?

Me hierve la sangre escuchar eso. Me pitan tanto los oídos que podría perder la audición. Luego reflexiono sobre la cultura del no-esfuerzo y lo que se ha normalizado comprar seguidores y me gustas en redes sociales con el objetivo de aparentar Dios sabe qué. Respiro y consigo «empatizar». Lanzo una respuesta algo cortante, pero directa, y les invito a que busquen páginas profesionales que les digan el número de seguidores reales y ficticios. Así pueden dormir tranquilos. Porque pedirles que se paren a observar las más de dos mil publicaciones e infinitas historias exponiendo y detallando cualquier tema que se te pase por la mente durante más de tres años es ya pedir demasiado.

Jamás me he sentido identificada con esta enferma obsesión en forma de números y más números. Ojo, que rechazar la materialización pura de esos seguidores no es sinónimo de que no me explote el corazón cada vez que vea que más personas se sienten identificadas con mi manera de comunicar. Donde el doctor Liendre ve subidas continuas de seguidores como si de tréboles de cuatro hojas de oro se tratasen, yo veo un respeto absoluto y un profundo vértigo a seguir creciendo, a seguir llegando cada vez a más personas en todos los rincones del planeta y a seguir atrapando, y no queriendo decepcionar, a más personas.

La gente más experta del mundo del *marketing* y de las redes sociales siempre me pregunta que cuál es el truco de las grandes cifras que tiene *es.decirdiario,* del *en-*

gagement y de la magia de lograr todo lo conseguido sin haber invertido ni un solo euro en publicidad. Yo les respondo que no hay truco alguno. Y no es un tópico. No hay esquema superprofesional pensando meticulosamente y llevado a cabo de pe a pa. No hay un estudio profundo de cada red social. Solo hay ilusión, transparencia y un *feedback* constante con la gente que sigue a *es.decirdiario*.

Tuve claro desde el minuto uno en esta aventura que mantendría una interacción continua con las personas que iban a invertir su tiempo en la lectura de cualquier *post*. Y así ha sido. Y gracias a esa constante escucha y respuesta he conseguido lo más importante: aprender a ser lo más objetiva posible dentro de una objetividad que no existe.

Me equivoqué tanto al principio comunicando lo que consideraba o no correcto, o aquello que me indignaba, todo eso se colaba en cada redacción. Hoy en día también ocurre, pero es más puramente social y me viene desde dentro. Disculpa que sea tan franca, pero denunciar las lacras sociales y repudiarlas no es algo subjetivo, sino algo totalmente objetivo que todo el mundo debería tener en su interior a la hora de manifestarse.

Gracias a esas personas que entendieron pacientes lo que suponía crear desde cero un periódico, además de comenzar a desenvolverme prácticamente en un mundo que solo conocía desde la teoría que se da en la universidad, aprendí a caminar por la fina cuerda del periodismo y a escribir lo que tenía que escribir sin ningún ápice de opinión. Esa gente desconocida me hizo la mejor y más dura de las críticas, que deben aceptarse siempre y más cuando vienen desde la confianza y admiración, y me sirvieron para entender que bajo ningún concepto tengo la razón absoluta en cada cosa que hago o escribo. Parece sencillo, pero aplicarlo a veces cuesta. Lo más humilde de esta profesión es entender que nunca vas a dejar de equivocarte, y que, cuando lo haces, debes decirlo y pedir disculpas, asumiendo que alguien se sienta decepcionado y decida no confiar más en ti.

Sensaciones amargas

La sensación amarga fue la de aprender a convivir con la era de la cultura de la cancelación, en la que se destila una ira y un odio desmesurados, sin opción a justificación alguna. Es lo más aterrador que he vivido psicológicamente y con lo que convivo cada día. ¿Sabes lo que es sentir temblor en las manos, experimentar la sensación de no poder respirar y notar cómo el miedo inunda cada parte de tu interior solo por creer que alguna vez podrías experimentar a cientos de miles de personas acudiendo a ti para descargar lo más negativo de ellas?

A veces pienso que estoy en un *ring* de boxeo rodeada de auténticos profesionales sin yo serlo. En las gradas hay mucho público y no termino de ver las últimas filas. Y mientras todo viene y va, y percibo el cariño de la gente, también noto cómo alguna que otra mirada se clava en mi nuca, esperando con malicia a que caiga o me equivoque en cualquier instante para volcar los peores sentimientos negativos que les he suscitado sin yo saber cómo. No entiendo por qué alguien que no transmite odio puede generarlo...

No hay vértigo sin placer, ni sensación sin emoción. Tampoco hay capítulo en el que no cuente algo negativo sin expresar igualmente lo positivo. Porque lo hay. Y porque todo lo horrible en la vida tiene también un ínfimo porcentaje de aprendizaje y buenas sensaciones. El *ring* del que te hablo me ha dado grandes combates de plena confianza en mí misma. Combates en los que he entendido que, pase lo que pase, debo seguir este camino transparente en el que, para bien o para mal, no he dejado ningún factor sorpresa al aire. En los que además de expresar sucesos, muestro tanto la parte más personal como la profesional, enseñando que soy periodista, pero también ser humano.

El maridaje perfecto

Quiero compartir contigo un momento de placer y vértigo, y a su vez una sensación dulce y ácida. Todo lo que soy me lo ha enseñado mi instinto, a veces premeditado y otras, impulsivo.

Un *post* concreto representó todas las sensaciones que una persona puede experimentar en su corta vida. El ejemplo práctico que confirmaba la teoría. Lo que no esperaba de las redes. El miedo absoluto por expresar una vivencia, bajo una firma con nombre y apellidos, y subrayando que cualquiera que llegase hasta allí estaba ante un artículo de opinión propio, y que esta se volviese contra mí y recibiese odio.

El contexto es simple y no voy a enrollarme mucho. Me levanté un día y me ocurrieron una serie de cosas caóticas. Mi yo profesional no conseguía despegarse de mi yo personal y, como consecuencia, sin meditarlo mucho y siempre desde la transparencia, decidí expresar cómo me sentía sin pensar en que me leería muchísima gente que, casi seguro, no me entendería.

> Qué puta mierda ser autónoma en España.
>
> Y disculpad que empiece así este artículo de opinión basado en mi propia experiencia personal y profesional,

que necesito expresar en mi plataforma, y que ojalá no ofenda a nadie. Algo imposible.

Hoy me he levantado y he experimentado una de las peores sensaciones vividas en mis veintisiete años. He visto un temido wasap de mi gestor un 30 de enero y me ha dado un ataque de ansiedad.

Jamás había experimentado algo similar de tal magnitud. Me he ahogado. No podía respirar. Tenía el teléfono al lado y me sentía tan paralizada que no tenía ni las fuerzas suficientes para llamar a un familiar y pedir auxilio. No sé cómo he salido de esa situación porque tengo una laguna mental de no saber cómo ha transcurrido todo ese tiempo.

Es frecuente que en mi Instagram personal suba una foto de mi *outfit* del día, porque me gusta la moda y porque siempre ha sido algo que he hecho. En esa foto he puesto que estaba intentando mostrar mi mejor sonrisa en un día de mierda y seguido he explicado todo lo que hoy me pide mi corazón, por filosófico que parezca, que también exprese aquí.

Qué mierda ser autónoma en España.

Qué mierda emprender.

Qué mierda el mensaje que se transmite de que todo son facilidades.

Vida idílica.

Tanto te quitan es porque tanto ganas.

Mentira.

No, no y no.

En mi caso no es así.

No soy la hija de Amancio Ortega ni la hermana del dueño de Mercadona. Soy Sheila. Una tía de veintisiete años que se mata a trabajar y cuya única sensación en muchos momentos es que pago por hacerlo. Pagar por trabajar, parece broma... pero es la realidad que estoy viviendo y que probablemente mucha gente viva.

Muchos no sabréis lo que significa sentir que un mes y medio de cada tres no percibes ingresos porque desaparecen y que, aunque un mes generes cero euros debes pagar mínimo casi trescientos euros. Agotador y desgasta a niveles extremos.

Hoy me he ahogado en un trimestre. Trimestre unido a una cuota mensual. Unido a un alquiler. A una factura de la luz que sube. A una factura del gas y del agua que también. Al wifi. Al coche que pago. A su correspondiente seguro. A los impuestos. A la gasolina, que no baja. A una cesta de la compra, que sorprendentemente cada día está muchísimo más cara.

Imaginad esta circunstancia unida a la situación mental de mi día a día. Yo estoy pasando por un momento de mierda por muchísimas otras cosas que se han dado en los últimos meses y que no viene a cuento explicar.

Os juro que cada día me levanto con la mejor de las actitudes profesionales dentro de la lucha que llevo por dentro. Trabajo hasta decir basta y aprovecho cada momento que se me brinda, pero hoy me siento asfixiada.

Me he levantado pensando que no quería vivir y eso ha sido una puta mierda.

Igual de puta mierda que ser autónoma en España. Perdonad este artículo, necesitaba expresarlo. Feliz lunes.

Sentido desde lo más profundo de mí, escrito sin ningún fin oculto y subido sin pensar en las consecuencias y en lo que podría desatar una opinión que en cualquier momento podría haberse politizado.

Dejé el móvil unas horas y al volver encontré todo lo que esa vez no esperaba de las redes. Encontré a cientos de miles de personas dándome sus mejores consejos desde sus vivencias propias en el sector y desde vivencias que desconocían. Sin embargo, aun así, lograban empatizar, entender y, sobre todo y lo más importante, comprender que no había ningún fin más allá que el ser yo una vez más a través de mi proyecto.

Encontré a cientos de miles de personas dándome las gracias por no separar esa parte personal de la profesional y hacer ver a toda una comunidad que soy humana y sufro y padezco las mismas cosas que el resto de los mortales. Porque yo soy una mortal más sobreviviendo en este apocalíptico mundo.

El escribir ese artículo y publicarlo bajo un impulso, algo meditado, me hizo aprender, una vez más, el verdadero valor de sentirme bien conmigo misma y con mis valores, el alejar ese sentimiento agotador de asfixia por recibir cualquier avalancha de comentarios desde la ira, la humillación y los insultos.

Cierto es que nunca antes había sentido ese miedo concreto a la hora de exponer algo. Creía que el desconocimiento de muchos, unido a lo que se ha transcrito socialmente como la figura del autónomo en nuestro país, haría que poca gente me entendiese, no empatizase conmigo y me atacase. Pero la vida, buena y sabia vida es. Y ahí está otra vez, para enseñarme y contarme que detrás de cada redacción basada en hechos reales y personales hay una moraleja.

Sé que soy todas las lecciones que mi periódico me va dejando por el camino unido al convivir con esa generación apadrinada, de la que tanto te he hablado, y sumida en un caos de sensaciones necesarias para entender este transcurso del paso del tiempo.

Ese peor y mejor lado que no esperaba de las redes sociales me ha enseñado parte de lo que lleva ese cóctel de sensaciones. He aprendido a ver y a entender que en mi raro y diferente mundo informativo, algo más sentimental de lo normal, también es válido mostrarme como una periodista fuerte, débil, cansada, enfadada, vulnerable, persona, hija, nieta, prima, humana, triste, alegre, cómica, luchadora, persistente e infinitamente soñadora.

No podría haber llegado a esa conclusión sin haberme adentrado en esa cueva de sensaciones agrias, dulces, ácidas o amargas que me producen las redes sociales. Este capítulo no se entiende sin hablar de ellas porque, en realidad, yo sí giro a su alrededor.

6

LA IMPORTANCIA DE LO IMPORTANTE

No creo que ninguno de los siguientes extensos titulares te suene a chino porque para nadie es un secreto la situación en la que se encuentra la salud mental en nuestro país. Podríamos decir que se trata de una asignatura pendiente que, se mire por donde se mire, aún sigue yendo a la recuperación de septiembre año tras año sin éxito alguno de conseguir un triste suficiente.

«Me han pedido un resumen de mi maltrato en consulta porque no tienen tiempo», titula Lola.

«Qué paradoja. Me diagnosticaron leucemia y me aconsejaron que me acompañara un psicólogo en todo el proceso, pero me lo tenía que buscar por mi cuenta porque la Seguridad Social no podía darme acceso a uno...», asegura María.

«Al paciente, y al ciudadano, en general, solo le quedan dos opciones: tener dinero y, por tanto, libertad para elegir, o no tenerlo, y cruzar los dedos porque el público preste un buen servicio», subraya Chris.

«Combatir la salud mental implica enfrentar otros problemas estructurales, tales como el acceso a una vivienda y la precariedad laboral, entre otros. Existen los medios y los fondos para invertir en salud mental —y más aún desde la recepción de los fondos europeos—, pero la ambición política y social debe ser mayor que anunciar planes estatales deficientes y para nada ambiciosos. Si dicen que hay falta de fondos, que no os engañen, que dinero hay», manifiesta Chema.

«Me cansa ver gente actuar de forma absolutamente pasivo-agresiva, por no estar de acuerdo en el modo de pensar. De ver un positivismo tóxico y una identidad de grupo que hace estragos en el individuo. El problema es que no llama la atención de nadie, vender salud mental no da clics, no horroriza a la gente, no satisface a las ideologías totalitarias que vemos hoy en día», expone Àlex.

«Una pierna rota se ve y se entiende. La salud mental o la falta de ella no se ve, no se entiende y, por tanto, se juzga», espeta Miren.

«Llenarse la boca sobre cómo esta pandemia ha afectado a los jóvenes no sirve de ayuda, las políticas deben materializarse de verdad, dejando de lado la charla y los discursos. Solo así conseguiremos quitarle ese estigma que, durante años, a todos los que hemos padecido algo a lo que no sabíamos ponerle nombre, ha perseguido a una enfermedad. Porque lo es, aunque no lo parezca y se frivolice sobre ello», sostiene Gontzal.

«Necesitamos que la salud, ya sea física o mental, pueda estar al alcance de todos. Yo me pude salvar. ¿Cuánta gente se habría podido salvar si fuera algo accesible?», escribe Ainhoa.

«Hablar de salud mental significa que se me venga a la mente la falta de recursos que hay en la Seguridad Social y el ser consciente de que no es algo que esté al alcance de todo el mundo. Si quieres un tratamiento psicológico de calidad, tienes que ir por lo privado, y eso es algo que no todo el mundo puede permitírselo», argumenta Nuria.

«Cuesta abajo y sin frenos, la nueva forma de ver la salud mental donde todos sabemos la falta que nos hace, pero no salimos a gritarlo para poder reivindicarlo. Si puedes, pagas y si no "que tengas mucha suerte"», titula Mar Vidal.

«Ir al psicólogo, aunque ya no se considere tan de "locos" creo que empieza a considerarse de "débiles". Escucho comentarios de gente como "yo al psicólogo no voy, lo que me pasa puedo solucionarlo solo" o "para qué vas allí si lo que te pasa es algo que nos pasa a todos" y creo que es algo que debe dejar de estigmatizarse», dice Sofía.

«Listas de espera interminables, citas de quince minutos cada dos meses con un profesional diferente en cada sesión... Da miedo pensar que, o puedes pagarte una terapia por privado, o es complicado. Tristemente ahora mismo es un sobreesfuerzo para las familias que quieren ver mejoras, ya que lo vas a tener que pagar sí o sí. En vez de gastar dinero en cosas innecesarias como sueldos vitalicios, deberían invertir en investigación y salud. Hay muchísimos profesionales de la salud mental deseando trabajar y ayudar a las personas», subraya Susana.

«La salud mental es la nueva moda que no debería pasar de moda», manifiesta Clara Alcalá.

«Nuestro país prefiere recetar ansiolíticos y antidepresivos en vez de ofrecer o facilitar el acceso a terapia», hace hincapié Mireia.

«No faltamos los profesionales, faltan unas contrataciones dignas. No se nos deja ayudar a los pacientes», cuenta José.

Estos comentarios son el resultado del pensamiento de algunos de los lectores y lectoras de *es.decirdiario* a los que hace meses pedí que diesen sentido con sus vivencias y opiniones a las páginas de un capítulo en el que abordaría la salud mental en todos sus estados, cifras, causas y consecuencias. El acudir constantemente a profesionales de la psicología para cosas malas y, ojo, que aquí puede venir el factor de tu sorpresa, también para las cosas buenas.

Dejar de tener miedo

No hay que tener problemas de próstata para ir a un urólogo ni un dolor de muelas para ir al dentista, ¿verdad? Pues tampoco es necesario tener única y exclusivamente problemas para ir al psicólogo. Esta enseñanza me la he repetido una infinidad de veces a lo largo de mi vida desde que me la dijeron.

Hace tiempo, cuando no tenía carnet de conducir y mis días eran una eterna ida y venida en autobús, escuché una conversación entre dos chicos al ir a casa. Me quedé tan sorprendida con lo que decían que escribí un artículo en mi periódico contando un poco lo que había oído —sin entrar en contexto ni dar detalles íntimos— y la reflexión a la que había llegado. Todo con la esperanza de que el azar y los algoritmos de las redes hiciesen su magia y me leyesen. En resumen: una chica le confesaba a su amigo que estaba replanteándose ir al psicólogo por una circunstancia de su vida. Este le explicaba que eso era para gente que «estaba loca» y que ella no lo estaba en absoluto. Lo peor de esta extensa charla es que logró convencerla. O eso parecía.

Escuchar esto me hizo escribir a todas las personas que, por desgracia, pensaban como él. Y como podrás comprobar, he aquí a mi yo emocionalmente profesional una vez más saliendo a la carga sin poder controlarse. ¿Por qué no se le da la importancia que en realidad tiene a la salud mental? Nos preocupamos muchísimo por nuestra salud física, o eso quiero pensar, pero ¿y la mental? ¿Qué hay de ella?

La salud mental es imprescindible. Las dificultades emocionales nos parecen secundarias y esto hace que, a veces, no nos permitamos profundizar en ello. Es más, hacerlo puede parecernos un signo de debilidad.

No sé si tú, al igual que yo, tienes esa libreta o blog de notas en el móvil repleta de textos significativos que te marcaron y decidiste apuntar, frases con las que te sentiste identificado o identificada, canciones que te atravesaron y palabras que no se entienden con el paso del tiempo, pero que ahí están formando parte del cuaderno menos contextual del paso del tiempo en letras.

No hay que estar muy loco para ir al psicólogo por primera vez. De hecho, qué valiente es decidir que, en el peor momento de tu vida, cuando las paredes se caen, la puerta está cerrada y no encuentras la llave, fuera llueve más que nunca, el cielo está absolutamente oscuro y no ves ni un ápice de luz y vas a ser tú más que nunca ante un desconocido. Justo aquí es cuando dejas de tenerle miedo a ese miedo y entiendes que nunca has estado loco, solo atrapado por un estigma social que te ha hecho divagar y perderte. Y que quizás ahora, igual sí, por fin te encuentras.

No sé qué adjetivo calificativo ponernos a todas las personas que nos adentramos en esas primeras veces a la consulta de un psicólogo, dudando de si es lo correcto o no, y replanteándonos si nos servirá de algo. Primeras veces privadas, o al menos en mi caso, porque públicas significaría seguir esperando aún en una interminable lista de espera que todavía no habría llegado a su fin.

Nos sentamos a esperar con incertidumbre, y casi que, con algo de miedo, la llamada de un profesional que nos invitará a entrar en una habitación para abrirnos en canal emocionalmente, descubrir cosas de nosotros que no sabemos, enfrentarnos a preguntas que no solemos contestar a nadie, afrontar la que se nos viene encima y ser escuchados de la forma correcta.

Esas cuatro paredes se convertirán desde ese instante en el habitáculo perfecto para caer en seco muchas veces, y también en el refugio más seguro para poder seguir. O al menos encontrar la fórmula mágica que nos permita mantenernos en pie para seguir en el proceso.

Las primeras veces están repletas de autopreguntas con eco: ¿qué hago yo aquí?, ¿qué querrá saber de mí?, ¿no será mejor irme?... En este momento exacto es cuando nos damos cuenta de que, a pesar de avanzar muchísimo respecto a lo que la concepción general sobre la importancia de la psicología se refiere, aún seguimos cayendo en tópicos incorrectos que nos dan miedo. Mucho miedo. Y es ese mismo miedo el que nos impide avanzar porque nos aterra enfrentarnos a nosotros mismos.

El tiempo vertiginoso pasa, nos seguimos autopreguntando y, por fin, escuchamos nuestro nombre. Entramos. Y descubrimos. Nos acojona el cambio, lo desconocido y la incertidumbre, pero todo lo que ese día nos frena consigue también impulsarnos para, al menos por una vez, intentarlo e invertir en nosotros mismos y en nuestras circunstancias por encima de cualquier cosa.

Jodidamente valiente

Se suele hablar de esas primeras veces al entrar, pero... ¿y qué ocurre al terminar? En mi caso, percibí que había perdido la noción del tiempo. Me sentí como cuando estás en un lugar esperando a que llegue tu turno. Mientras esperas, te preguntas por qué narices tarda tanto la gente y, de repente, cuando te toca a ti, terminas en lo que te ha parecido un plis plas y te sorprende lo rápido que has sido tú comparado con lo lento que se te ha hecho la espera, a pesar de que probablemente hayas tardado el mismo tiempo que el resto de personas.

La cabeza me explotaba con todas las preguntas que se me habían quedado en el tintero y que, vaya por Dios, habían venido a mí en el minuto sesenta de la sesión. También me sentí increíblemente feliz. Felicidad que me duraría el trayecto justo hasta llegar a mi habitación. Bajón existencial, llantos porque creía que todo era absurdo.

Me di cuenta de que la consulta de mi psicóloga no se convertiría en un cajón en el que podría dejar guardado esos problemas protegidos por una llave maestra. No, querida, todo lo que vendría contigo se iría contigo. Problemas incluidos con los que lidiaría como pudiese.

Entre tantas cosas también sentí que había logrado una fuerte conexión con mi psicóloga, y esto no es algo que todo el mundo logre en esas primeras veces de las que te hablo. La profesional, reiteradamente recomendada por mi círculo más cercano, me había hecho entender, sin proponérselo, que yo no había llegado hasta ella para recibir consejos que me guiasen porque estaba perdida, sino para aprender a ver mis problemas desde otra perspectiva. Sin verbalizar de forma literal estas palabras, me dejó bien claro que no iba a facilitarme las respuestas, sino a darme las herramientas correctas para conseguir responderlas yo misma.

Estamos completamente inmersos en nuestros problemas y muchas veces es difícil encontrarles una solución. No somos invencibles y hay que pedir auxilio. Creo que a poca gente le resulta sencillo el proceso de todo lo que implica pedir ayuda, y no solo hablo de acudir a un profesional. Para mí, aceptar que la necesitaba fue admitir un cierto grado de «fracaso», porque fui consciente de que no podía manejarlo todo y que en esa llamada de ayuda había pánico de que nadie me socorriese.

Debemos pedir auxilio para aprender a gestionar nuestras emociones, para poder respirar y para sentirnos vivos. Auxilio para enorgullecernos por haber llegado a reconocer que necesitábamos gritar socorro. Auxilio para afrontar las dificultades del día a día entendiendo que es sumamente necesario pedirlo porque algo no funciona y nos hace estar mal. También para ser más justos con nosotros porque nos lo merecemos y porque somos conscientes de nuestros peores miedos. Auxilio no para ser más felices, sino para ser más personas. Auxilio para hacer entender al resto de los mortales, y a nosotros mismos, que ir al psicólogo no es sinónimo de estar locos, y que igual necesitamos esos sesenta minutos de consulta para seguir buscando nuestro norte.

Hay que cuidar de nuestra salud mental, hay que priorizarla y hay que normalizarla. Y creo que hasta ahí de acuerdo. Visibilidad a la salud mental, sí, pero visibilidad también a las pésimas condiciones a la que se enfrentan esos psicólogos y psiquiatras, y que tantísimas veces han denunciado públicamente. Ellos también necesitan ser escuchados. Porque oír, puede oírte cualquiera.

De nada sirve hablar, si no damos soluciones

No sé si sabes que, en España, por cada cien mil habitantes, hay seis psicólogos clínicos, tres veces menos que la media europea, y once psiquiatras, cinco veces menos que en Suiza y menos de la mitad que en Francia, que en Alemania y que en Países Bajos.

Hablar ahora de salud mental es más frecuente, menos raro e incómodo. Y sí, la conciencia sobre la salud mental ha aumentado y está más presente que nunca, pero ¿de qué vale que todo abajo se mueva si desde ahí arriba está todo parado? ¿De qué sirve que cualquier persona sepa que necesita la ayuda de un psicólogo o psiquiatra y que cuando decida aceptarla se encuentre en una lista de espera de meses porque los profesionales no dan abasto en la sanidad pública y no se realizan más contrataciones? ¿Qué debe hacer una persona que necesita sentarse con urgencia a esperar en esa sala para ser escuchada y a la que no le llega su turno? ¿Y si no dispone de la economía suficiente para hacerlo de forma privada? ¿Qué debe hacer entonces?

Que no te engañen nunca. No faltan profesionales formados como tal, faltan contrataciones decentes que no exploten a los trabajadores y que les permitan desarrollar plenamente esa labor en la que se necesita tiempo y condiciones que humanicen, tanto a ellos como a nosotros. Faltan condiciones que hagan que se trate a las personas como se merecen, asegurándoles un tiempo de calidad y un espacio seguro en donde puedan abrirse y reciban la ayuda estipulada.

No hay salud sin salud mental. Y esto no es una frase de moda o que simplemente queda genial escribirla. Estamos en ese instante exacto en el que es necesario escucharnos, ser conscientes de nuestras debilidades y fortalezas, y expresar que «no podemos», «no sabemos cómo seguir», decir que «lo sentimos» y mostrar que «necesitamos parar».

Quiero poner cifras a la realidad de miles de personas. Evidentemente yo puedo contarte algo y tú creer o no qué ocurre con mayor o menor frecuencia, qué es más habitual o menos común e incluso que mis vivencias forman parte de un caso aislado, pero adentrándome en la más absoluta objetividad, te muestro estos datos documentados que plasma la Confederación de Salud Mental España que, lejos de ser únicamente un mero número, forman parte de vidas relatando una situación tremebunda:

— El 65 % de la población española tiene síntomas de ansiedad o cuadros depresivos.
— El 50 % de los problemas de salud mental en adultos comienzan antes de los catorce años, y el 75 % antes de los dieciocho.

— Dos millones cuatrocientas mil personas sufren depresión.
— Entre el 2,5 y 3 % de la población adulta tiene un trastorno mental grave, y siete millones trescientas mil personas consideran que han tenido algún problema de salud mental.
— Entre el 35 y el 50 % no reciben ningún tratamiento o no es el adecuado.
— Una de cada cuatro personas tendrá un trastorno mental a lo largo de su vida.
— El 1 % de la población mundial desarrollará alguna forma de esquizofrenia en su vida.
— Cuatrocientos cincuenta millones de personas en todo el mundo se ven afectadas por un problema de salud mental que dificulta gravemente su vida.

Empatía. Asertividad. Comunicación. Afectividad. Qué necesarias son las palabras y cuánta ausencia reflejan en nuestro día a día en muchos aspectos, ¿no? Hay que trabajar la salud mental desde lo social, no solo desde un punto de vista sanitario.

En estos años he aprendido a no juzgar decisiones, a no reprochar momentos que dolieron, a escuchar en vez de oír, a adaptarme, a no culpabilizar a alguien ni culpabilizarme a mí misma por lo que pudo haber ocurrido y que finalmente no fue.

Escuchar hablar de salud mental es también entender que todo esto trasciende a lo sanitario. Mientras algunas personas sí llegan a tener la oportunidad de experimentar todo lo que puede suceder en la consulta de un psicólogo, muchas otras no podrán hacerlo nunca. Por eso, debemos cuidar la integración, la asertividad, la empatía, la inteligencia emocional propia y ajena, los propios estigmas de los que hablamos, la educación, para intentar socialmente no ser tan dañinos.

Me preocupa que la salud mental siga siendo una asignatura pendiente cuando la propia Organización Mundial de la Salud ha afirmado que los trastornos mentales serán la principal causa de discapacidad en el mundo. Me preocupa que el suicidio sea la primera causa de muerte no natural. Me preocupa que se confunda «tener ansiedad» con «ser nervioso». Me preocupa que se piense que depresión significa estar triste. Me preocupa que la bulimia se relacione con no querer engordar.

Me preocupa también el postureo de la salud mental en lo social y en lo político. Me preocupa que la salud mental siga siendo una asignatura pendiente y no se diga nada. Me preocupa que en España cada vez haya más y más jóvenes sufriendo síntomas de trastorno mental. Me preocupa que no se normalice hablar de la depresión, de los problemas mentales y de cualquier otra cosa relacionada directamente con la vida de una persona.

Nadie elige tener una enfermedad mental y no cuesta nada ser empático con quienes la sufren. No se trata de un estado fugaz que se controla. Dejemos de etiquetarlo todo y de dar lecciones morales de vivencias que ni por asomo conocemos. El no convivir con una realidad ajena, como la propia palabra indica, y todo lo que conlleva jamás debe ser motivo para infravalorar, menospreciar o restarle valor a ese camino angelical o infernal por el que muchos transitan.

Llevan toda una vida educándonos con falsas filosofías donde prima una felicidad eterna que, bajo ningún concepto existe, pues ni nosotros mismos somos eternos y siempre resilientes. ¿Cuántas batallas se libran desde la soledad por terror a no ser comprendidos?

Párate en una de las calles que forma esa complicada mente que solo tú, a veces, entiendes y grita. A ti y al mundo. No eres ni más débil ni menos fuerte, solo necesitas frenar unos minutos, días, meses o el tiempo que consideres oportuno, descansar, respirar y un abrazo en silencio, o con alguna que otra palabra que te reconforte.

Necesitamos con urgencia una sanidad pública de calidad que entienda la importancia de preocuparse y dar luz también a la salud mental. Hacen falta muchísimos recursos para que esto no se convierta en un lujo que únicamente puedan permitirse quienes tienen dinero. Menos tabúes, más recursos. Más formación integral para con la salud y más altavoces que muestren que la pandemia silenciosa de la que llevamos hablando desde hace rato ha registrado su mayor cifra en la historia y no se cuenta.

Lo que callamos

Ahora vuelvo a poner cifras a otra de las realidades de miles de personas. Una realidad que aterra porque esta sí que implica un fin. Y recuerda que una cifra no es únicamente una cifra.

Este mundo está formado por personas que necesitan ayuda y por otras que están en condiciones suficientes, que tampoco óptimas, para ser empáticos y sin ser profesionales, ser capaces de prestar ese primer apoyo.

— Se producen diez suicidios al día en España y no se cuenta.
— Cada dos horas y media una persona se suicida y no se cuenta.
— Más de ocho mil personas intentan suicidarse cada año y como consecuencia sufren secuelas psíquicas y físicas y no se cuenta.
— Las muertes por suicidio duplican a los accidentes de tráfico, superan en once veces a los homicidios y en ochenta a los de violencia de género y no se cuenta.

— Cada año setecientas mil personas se suicidan en el mundo y no se cuenta.
— Cada cuarenta segundos alguien se quita la vida en el mundo y no se cuenta.
— En las edades tempranas el riesgo de suicidio ha aumentado exponencialmente y no se cuenta.
— En menos de medio año el 024 atendió más de treinta y cuatro mil llamadas.

Hablar del suicidio en mi periódico y también aquí no es en absoluto una tarea fácil. Hay que tener tesón para abrirse en canal ante gente anónima, expresar vivencias de la forma correcta, aunque no nos haga sentir felices mientras lo leemos, y salir medianamente ilesa de ese proceso para transmitir que sí, que sí que se puede.

La gente me pregunta a menudo que por qué transmito en mis redacciones un dolor que parece propio ante el ajeno. Supongo que es porque forma parte de las «consecuencias» de haber vivido en primera persona un intento de suicidio de una de las personas más importantes de mi vida, mi mitad.

No sé si eres consciente de lo que me ha costado escribir esto de una manera tan clara. Nunca, a excepción del momento en el que ocurrió y en algún que otro día *a posteriori*, he hablado tan abiertamente de este tema. Nadie de mi alrededor ha percibido jamás que este asunto supusiera algo tan traumático para mí. Porque cuando alguien toma una decisión así, no solo tiene consecuencias en esa persona, también en todos los que formamos parte de su vida.

No todo el mundo, por fortuna y gracias, sabe lo que significa sentir de un modo tan gris que, de un día para otro y sin esperarlo, has estado a punto de perder a una persona esencial.

Era pequeña, pero no lo suficiente y me di cuenta de lo que ocurría y pude tomar conciencia sobre ello. Era ese «de un día para otro y sin esperarlo» del que te hablaba. Me contaron que esa persona, mi mitad por aquel entonces y hoy, había decidido que ya no quería seguir, que ya no tenía ganas de habitar más este mundo, que asumía que me quería por encima de todas las cosas y que yo también era su mitad, pero que no soportaba tanto dolor en aumento y las ausencias de otros seres queridos.

Hago un pequeño inciso y abro mi corazón para especificar que, si hoy por hoy no hubiese tenido esta historia un final medianamente «feliz», yo no estaría reproduciendo ni una sola palabra. No creo que ese dolor me hubiese dejado.

Cuando eso ocurrió procesé la información que me transmitieron de la forma más sincera, con más tacto y menos dolorosa posible. Tenía algo menos de doce años. Unos doce años no muy peculiares. Pese a todo, jamás le pregunté por qué lo había hecho. Tampoco le culpé por haberlo llevado a cabo, y solo me limité a creer que, si no se había ido, aunque ese hubiese sido su objetivo, yo tenía que enseñarle que estaba prohibido no habitar este mundo conmigo y ayudarme a cumplir mis sueños con su presencia.

A veces nos hablan de ser y afrontar los problemas como si de jugar al parchís se tratase, pero se les olvida en qué momento hemos recibido las instrucciones. Que aquí no hay ninguna casilla-seguro para poder parar de vez en cuando y que no existe una meta para descansar con la tranquilidad de que los problemas nunca podrán comernos.

Sé que esa persona que tanto me ha enseñado leerá estas líneas, y solo puedo decirle que aprendí una gran lección de amor verdadero y cuidado y él aprendió a querer un poco más la puta vida que le había tocado vivir.

Quizás tú también leas estas líneas con la suerte de ser el reflejo de lo que fue esa persona o de lo que fui yo con la circunstancia que me tocó pasar. Quizás me estés leyendo con la satisfacción de no haber perdido a esa persona, como yo. O con la absoluta desgracia de no poder volver a tenerla contigo. Y bajo esa tormenta que acecha cada día porque la echas de menos, notas su ausencia y te preguntas todas esas cosas que son tan comunes.

No tengo ni idea de cuál es la fórmula mágica exacta para hallar esa luz a la que aferrarse cuando no se puede más, pero sí conozco cuál fue mi ingrediente para, al menos, intentarlo: el tiempo. El tiempo suficiente como para asimilar un problema, enfrentarlo, razonarlo pese a mi corta edad, abrazar lo que había venido de golpe y aprender a dar yo alguno que otro para defenderme.

Te he hablado de cifras. Cifras que son vidas. Cifras que son personas, momentos, instantes, lugares... No normalicemos ni convirtamos a personas en simples números que aumentan con el paso de los años y entendamos lo lógico por mucho que duela. Detrás de un número hay una vida acabada y una infinidad de almas rotas que nunca superarán esas ausencias.

No hay peor enemigo del suicidio que el silencio. Y no hay mejor amigo y forma de prevenirlo que hablar de él.

Durante décadas muchos de los expertos que recomendaron no ponerlo sobre la mesa, hoy afirman que es necesario hacerlo, y siempre desde una comunicación concreta y omitiendo ciertas formas que engloban estas tragedias. Querido lector, querida lectora, esto ya no va únicamente de yin y yang o de decir y hacer. Dejando a un lado eso, esto va de algo serio. De la vida. De la mía propia. De lo que la ha englobado. De mis experiencias.

Yo formé parte —y en ocasiones sigo formando— de alguna de esas cifras que hoy te plasmo tras investigarlas. Yo fui protagonista por experiencia propia y fui personaje de una trama jamás recomendada para ningún público. Socorrí y pedí auxilio. Y sigo pidiéndolo. Afortunadamente, alguien me encontró y a su vez yo encontré a ese alguien que logró que yo misma pudiese hallar el equilibrio momentáneo idóneo entre mi persona y todo aquello que me rodeaba, y que en cierta forma me hacía daño.

Gracias a quien me escuchó y me enseñó que en la vida es tan importante ser salvado como, aún mejor, salvar.

Gracias a quien me escuchó y me enseñó que en la vida es tan importante perdonar como, aún mejor, ser perdonado.

Gracias a quien me escuchó y me enseñó que en la vida es tan importante saber a quién necesitamos como, aún mejor, a quién no necesitamos y que en esa misma vida es tan importante saber qué necesitamos como, aún mejor, qué no necesitamos.

Gracias a quien me escuchó y me enseñó algo tan simple como que yo no iba a pasarme la mitad de mis días sufriendo y la otra mitad aliviando ese sufrimiento.

Gracias a quien me escuchó y me salvó. Y te salvó. Y nos salvó.

Porque, recuerda, oír, puede oírte cualquiera.

7
EL GRAN CAOS

No hay *juniors* sin *seniors*, ni *seniors* sin *juniors*

Yo nunca he visto a mi profesión ni a mis compañeros como si fueran a echarme un pulso americano cualquiera, en un bar de ciudad en el que hay que ganar a toda costa, sin importar cómo, cuándo ni a quién.

Escribiendo de *juniors* y *seniors*, recuerdo un instante que va como anillo al dedo a lo que quiero y necesito reflejar en este capítulo. Era uno de esos magníficos días en los que acudía a otra de las tantísimas charlas a las que había obtenido la oportunidad de asistir. Oportunidad para mí, sí, porque siempre he absorbido conocimientos, incluso más que cualquier otra persona que estuviese allí con la finalidad de aprender algo de mi persona. Resulta asombroso que gente desconocida tenga la firme convicción de que merece la pena escuchar algunas de mis palabras.

Durante ese debate, formado por *seniors* y *juniors*, se hablaba del periodismo en su más pura esencia. Una de las *seniors* presentes, con un importante puesto en un medio de comunicación, entendía la situación actual de la profesión como ese pulso americano del que te he hablado y del que, por supuesto, yo nunca formé ni formaré parte. Decía que había que apostar por lo de siempre, por ellos, que era imprescindible apoyar al periodismo de toda la vida por la calidad que presentaba y que, por supuesto, había que pagarlo. Esto último lo expuso haciendo alusión al «nuevo modelo» que se había implementado desde hacía algún tiempo en los periódicos de nuestro país —y de otros muchos—: los muros de pago, sistemas que restringen el acceso al contenido a los lectores que no cuentan con una suscripción mensual o anual, es decir, que hay que pagar para leer determinados contenidos.

Comencé a escuchar a mi compañera con la admiración y la proyección que se merecía. Pretendía empaparme de sus infinitos conocimientos, pues me llevaba bastantes años de ventaja y sabiduría. Creía. Pero si te soy sincera una vez más, ese día lo único que me llevé de ella a casa fue el entender cómo jamás vería a mi profesión y a mis compañeros, independientemente de que fuesen más jóvenes que yo o menos, con más experiencia que yo o con menos.

En mi turno de palabra aproveché para argumentar algunas de sus intervenciones. Estábamos allí para debatir respetuosamente y yo no iba a ser menos. No me dirigí directamente a ella, pero sí cité sus palabras durante mi momento porque quería que me entendiese a la perfección. Le repliqué que, por supuesto, había que continuar apostando por lo de siempre, por esos medios que llevaban décadas tras décadas. ¡Y qué décadas tan complicadas! Pero también subrayando que todo eso podía hacerse sin dejar de comprender que los años son sinónimo de cambio, de oportunidades, de creaciones y de reinvenciones.

En esta profesión, tan amplia y tan difícil, y en la que no se nos facilita una oportunidad sin experiencia, así como así, debemos intentar hacernos hueco todos sin abordar violentamente a nadie. Ser el nuevo de la clase no es sinónimo de ser menos que el resto. Esto puede aplicarse a cualquier aspecto de la vida. Todos los que formamos parte de este sector hemos tenido principios periodísticos y no por comenzarlos hemos sido menos o hemos desprendido menor calidad.

El tema que más me enfadó —y de forma fugaz porque soy de prontos ligeros y efímeros— fue en el que argumentaba que «había que pagar por el contenido de calidad que realizaban nuestros profesionales». La frase en sí es de matrícula de honor, pero solo si no se mira el trasfondo y se desconoce qué hay detrás de lo que se decía. Yo, por suerte, conocía un poquito el funcionamiento de ese medio.

Soy de ese tipo de personas y profesionales que no cree que todo lo que escriba un periodista —y me incluyo—, ya tiene intrínseco el calificativo de contenido de calidad. Hay que pagar el contenido que trabajan casi sin descanso nuestros profesionales, rotundamente sí. Pero... ¿y si ese contenido se ha convertido en páginas y páginas y páginas de publirreportajes pagados al propio medio que bajo ningún concepto se especifican al lector que así son? Pagar por un contenido que ya ha sido pagado al medio... A mí me explotó la cabeza y concluí mi intervención diciendo que yo pagaría lo que hiciese falta única y exclusivamente si se me aseguraba que lo que estaba leyendo, o lo que leería en su mayoría, no eran palabras que otras personas habían ordenado que estuviesen expuestas ahí, bajo la firma de un periodista que ni había pinchado ni cortado, pagando antes al medio.

Este momento me hizo comprender que en realidad los *juniors* de hoy en día y algún que otro *senior* deberíamos ser el combo perfecto entre la experiencia de los años y la frescura de dar comienzo a nuevos principios, pero... entre el «deberíamos» y el «somos» hay una delgada línea ilógica que conlleva a lo que no debería ser, pero tristemente a veces sí es. Pasar esa delgada línea ilógica significa alejarnos de la maravillosa frase, la de no hay *junior* sin *senior* ni *senior* sin *junior*, y abarcar la problemática de que una persona mayor que no entiende a una generación más joven jamás podrá hablar sobre ella, y viceversa.

Lo que te cuento no es algo que ocurra desde ayer o una problemática que solo arrastre mi generación. Sé que mucha gente que lea esto lo pensará al son de «bienvenida a la vida en su estado más puro, Sheila». De hecho, soy consciente de que esto ha ocurrido, ocurre y seguirá ocurriendo si no se aborda. Es casi intrínseco en el ser humano, ya que incluso Aristóteles o Sócrates, entre otros, «criticaban» a los jóvenes. «La juventud de hoy ama el lujo. Es maleducada, desprecia la autoridad, no respeta a sus mayores, y chismea mientras debería trabajar. Los jóvenes ya no se ponen de pie cuando los mayores entran al cuarto», decía Sócrates. A algún *senior* que a otro se le llenan de vez en cuando las páginas de palabras escritas en representación de una generación joven, afirmando ser experto y conocedor de ella sin realmente entender nada.

Poder y perder

No llevo la cuenta de las muchas críticas que me han hecho solo por exponer que me avergüenzan los incontables artículos que vejan y humillan a otras personas, y por activar un altavoz, dejando que se observe entre luces casi opacas que no entiendo por qué todo vale por un clic económico.

Reflexionando sobre esto, me he puesto a releer esos incontables artículos que pululan por todos lados, y pienso: ¿de verdad algo así ha pasado los filtros de un periódico y se ha publicado en versión digital y papel? ¿Con qué fin? ¿Buscando qué? Podría tratarse de un error técnico o un fallo humano, pero cuando ocurre de manera sistemática, el humo se percibe desde la lejanía y las alarmas, que ya llevan resonando años, se escuchan con más facilidad que nunca.

Después de todo esto vienen los «madre mía» sobre por qué la gente joven y no tan joven, esa que no trae hijos al mundo, no compra los periódicos, no ve los informativos y no escucha la radio; sobre por qué gran parte de los mortales ha dejado de informarse a través a los medios tradicionales —y a veces de caverna—; o simplemente sobre por qué hay gente que vive aislada de cualquier formato periodístico. Lo veo normal. Y en ocasiones, por cosas así, lo aplaudo.

A estas alturas no sé cuántas veces he leído que los jóvenes no acudimos a los medios de toda la vida «por desinterés», porque no entendemos los tecnicismos que se utilizan y el lenguaje exquisito que se emplea en según qué artículos —ja, ja, ja, disculpa que me ría—.

Creo que cuando ya es imposible sostener un argumento ante un peso pesado caído y hacer autocrítica, toca inventarse la mejor de las excusas y agarrarse a ella como si fuera la tabla de salvación que podría haber salvado la vida de Jack en el hundimiento del Titanic junto a su amada Rose.

La gente, y ya no hablo ni de jóvenes tan siquiera, está cansada de encontrar odio entre párrafos que no dicen nada nuevo. De reconocer a duras penas, cuando la evidencia es más que obvia, artículos pagados atacando a Dios sabe quién y con qué finalidad, y obviamente sin ser especificados previamente, de información negativa hasta decir basta sin mostrar que sí que hay cosas buenas en el mundo, aunque crean que no vendan. Esos artículos periodísticos arropados con una infinidad de palabras malsonantes hacia una persona o situación son muy peligrosos. Esa publicidad encubierta que se vende como un magnífico plan en forma de reportaje exclusivo es tan o más peligrosa que el empleo de un lenguaje obsceno a la hora de referirse a un quién o un qué concreto.

Esos lavados de cara de las compañías que concentran la mayor capitalización en el mercado con noticias aparentemente buenas, que jamás se terminan de llevar a cabo porque son meras palabras, son tan o más peligrosos como emplear un lenguaje obsceno a la hora de referirse de un quién o un qué concreto. Esas noticias negativas que nos chirrían porque están plagadas de alarmismo y llevan un toque especial de sal, pimienta y ganas de mover masas de odio son tan o más peligrosos como el emplear un lenguaje obsceno a la hora de referirse de un quién o un qué concreto. Esto de lo que te hablo tiene nombre y afecta a nuestro cerebro. Digan lo que digan, todos queremos, en mayor o menor medida, estar informados porque es sinónimo de sentirnos algo más seguros.

La información es poder y perder. Todos queremos ese poder si lo sabemos manejar de la manera más sana posible y con las herramientas correctas, pero, estamos ante Internet y he de decir que él no entiende sobre qué es o no lo correcto, qué es o no lo más sano o cuál es la herramienta idílica para transmitir la información adecuada. Internet no es bueno o malo como tal. Lo que lo hace malo o bueno es el uso que cada una de las personas pueda hacer de él. He aquí el perder. Perder tiempo, perder energía, perder las ganas que reconfortan y hacen sentir que sí que existe un mundo mejor. Perder una parte de nosotros intentando salvar un mundo cada vez más en declive.

Todos queremos ese poder, pero mientras intentamos conseguirlo, la infinidad de estímulos a los que estamos expuestos hoy en día, y que afectan a las habilidades de concentración y adicción a su vez, hacen que llegar hasta él se convierta en una odisea.

Dicen que son cinco los segundos exactos que dura la atención absoluta que presta una persona a cualquier cosa. Hace dos décadas se situaba en doce segundos, después se redujo a ocho y hoy nos encontramos en un suficiente, señoría. Esto transcrito a mi campo periodístico es una misión difícil, pero no imposible, aunque ya he asumido que por parte de algunos está perdida, pues pese a que la información sea un poder y todos queramos estar informados, habrá quienes no dediquen el tiempo suficiente a hacerlo para entenderlo.

Nos pierde la infinidad de fuentes que existen, la pluralidad de medios físicos y digitales, el no saber reconocer si son o no fiables, la forma tan antagónica en la que se nos explica un mismo hecho en dos lugares tan diferentes, el exceso de sucesos negativos... Todo esto puede tener efectos psicológicos adversos. No es un gran *spoiler* que consumir de manera compulsiva contenidos dañinos y noticias malas pasa factura. Al igual que tampoco lo es que ese consumo compulsivo, en ocasiones, puede transformarse en una adicción a las redes sociales.

El *doomscrolling* —*doom* significa 'muerte', 'catástrofe' o 'fatalidad', y *scrolling* es 'la acción de deslizar la pantalla de nuestros dispositivos hacia abajo para ver contenido— hace referencia a un término que se acuñó durante la pandemia, concretamente se popularizó en la revista

Los Angeles Times, y que se traduce como «el consumo excesivo de manera compulsiva e intensa de información de carácter negativo». Al igual que tampoco lo es que ese consumo compulsivo, en ocasiones, puede transformarse en una adicción a las redes sociales.

Una investigación llevada a cabo por Facebook hace un par de años reveló que de uno de cada ocho de los dos mil novecientos millones de usuarios de la red social —es decir, trescientos sesenta millones de personas— tenía problemas similares a la adicción.

Han ido apareciendo nuevos términos para referirnos a nuevos tipos de adicción en el entorno tecnológico, aquí te expongo las más relevantes:

— *Nomofobia*: miedo irracional a quedarse sin teléfono móvil, sin batería, sin cobertura, etc.; en resumen, a estar desconectado.
— *E-ludopatía*: impulso irrefrenable y compulsivo por los juegos de azar *online* a través de dispositivos tecnológicos —*smartphones, tablets,* ordenadores—, con el consiguiente detrimento de los compromisos y valores sociales, laborales y familiares adquiridos.
— *Insomnio tecnológico*: trastorno del sueño asociado al uso nocturno de Internet y de aplicaciones móviles.

— *Síndrome de Google*: incapacidad para recordar información como consecuencia de la facilidad con la que se puede consultar un dato en un buscador de Internet.
— *Narcisismo digital*: una búsqueda excesiva de un yo idealizado a través de *likes,* visitas, mensajes o comentarios de otros usuarios.

¿Conocías alguna de estas palabras? Son parte de una problemática silenciosa que no genera ningún tipo de rechazo social y que está más presente de lo que muchos creen. Perder la capacidad de control y utilizar las redes sociales a destiempo cuando no toca, enfadarse o estar especialmente irritable solo porque no tienes cobertura en un lugar y no puedes ver Instagram, aislarte de la vida social por estar continuamente dentro de cualquier plataforma... da que pensar.

Instagram, Facebook, Twitter, Telegram, YouTube, TikTok, WhatsApp, Tumblr, LinkedIn, Snapchat... ¿Quién no utiliza las redes sociales hoy en día? El 85 % de la población que tiene acceso a Internet utiliza alguna de estas plataformas y el 93 % son jóvenes de entre dieciséis y veinticuatro años.

El *doomscrolling,* y todo lo que le envuelve, favorece la aparición de la ansiedad y la depresión, entre otras muchas cosas, y la palabra 'tecnopatía' hace alusión a los problemas de salud, física y mental, derivados del uso de dispositivos electrónicos. Da que pensar también.

El flujo informativo perjudicial tiene como consecuencia directa el atravesar nuestro estado de ánimo y provocarnos un malestar constante. La gente, joven y no tan joven, está cansada de pertenecer o ser arrastrada, conscientemente o no, a esta dinámica del cuarto poder. Dinámica que consta y de la que se es consciente, pero de la que no se hace modificación alguna.

¿Cuántas veces has percibido que más que aportar información, en ocasiones, se crea un arma que dispara sin cesar datos entre una sociedad cada vez más radicalizada, sectarizada y sin capacidad de diálogo, cuando de opiniones antagónicas se trata, con el fin de generar un gran caos?

Y entre un lo siento pero sí, y otro lo siento pero no, a la par que sintiendo intensamente más que nunca mi profesión y tratando de responder a esas preguntas que un día quise y no pude, diría que no sé por qué, al azar y sin meditarlo en exceso, un lunes cualquiera decidí exponer públicamente que había un tipo de «periodismo» que no me representaba y me avergonzaba como parte del gremio al que pertenezco. No lo hice —ni lo hago— con la intención de disparar a alguien de forma concreta, sino tratando de hacer ver a la sociedad que había un botón de *exit* que todos debíamos accionar cuando visualizáramos esa manera insana de representar un periodismo que no llevaba ni tan siquiera la P intrínseca entre sus líneas.

Cuando hablar da miedo: vivir en la jungla

A veces percibo mi trabajo como una selva pantanosa repleta de insectos venenosos, cocodrilos letales y serpientes con gran experiencia, desenvoltura, ganas de morder, con dinero y muchísimo poder. Mientras esa fauna y abundante flora perturban este maravilloso ecosistema que es mi profesión, yo, que no estoy tan preparada para este hábitat como las especies ya mencionadas, intento sobrevivir.

Camino por esa selva y pienso que mi final será el predecible: abandonar por cansancio o acabar siendo picada letalmente por alguno de esos bichos. Estas sensaciones me acompañan a cada paso que doy. Por fortuna, gracias al cine, he aprendido a fabricar una antorcha que me ilumina y algún que otro utensilio puntiagudo para defenderme en caso de ataque.

Esta reflexión viene a cuento de lo siguiente. Recordarás que contaba que escribí un artículo de opinión sobre la situación de los autónomos en España y que, a raíz de este, había recibido muchísimos mensajes de personas que, o bien se sentían reflejadas, o bien empatizaban con mi experiencia porque prácticamente todas tenían alguien a su alrededor que había pasado por algo similar.

Durante un tiempo, las especies autóctonas de esa selva, colegas de profesión, me llamaron de diferentes medios para que interviniera en sus programas y hablase de ese sonado texto y vídeo. Mi respuesta siempre era:

—Si intervengo, no voy a posicionarme en ningún campo ideológico y solo daré mi opinión.

A esa frase solían seguirles otras como:

—Sheila, al final no hay espacio en el programa, hemos cambiado este tema por otro, contactaremos contigo próximamente...

O no volvían a escribir y ahí se quedaba todo.

Salvo un día de agosto de 2023. Después de expresar otra vez mis motivos para no participar en un programa de televisión, cuál fue mi sorpresa cuando de repente vi mis redes sociales inundadas de mensajes: «¡Estás saliendo en esta cadena!», «Tía, ¿estás viendo lo que han dicho de ti?», «Sheila, denuncia esto porque te están humillando».

Yo no entendía nada porque había declinado la invitación del programa a participar, por lo que había dado por supuesto que no saldría nada en la televisión. Imagina mi cara cuando la encendí y lo primero que vi fue mi vídeo, que en ningún momento había autorizado para que se difundiese y mucho menos para que se cortarse con el fin de tergiversar mis palabras. «Entendí» que al estar en una red social y ser público podían utilizarlo, pero en ningún momento se mencionaba a es.decirdiario ni a mí, por supuesto, para que cualquier persona pudiera recurrir a la fuente primaria si quería.

Se limitaron a cortar los fragmentos que les interesaba para politizar mi vivencia y dejarme casi como una inestable emocional que pretendía evadir impuestos, como mínimo. No sabes lo duro que es tener que ver cómo tus compañeros de profesión falsean por completo tus palabras. Me hicieron sentir muy pequeñita.

Nos hablan sistemáticamente de futuras guerras, pero estamos asistiendo a una de las peores y más sangrientas: la informativa. Una guerra con una libertad de expresión algo cuestionable, con mentiras, en la que se recortan las intervenciones según le convenga al color político en cuestión. Una guerra de demagogia y postureo burdo en la que el que paga más, manda, y en la que se dispara a bocajarro sin importar cuántos cadáveres queden por el camino. Una guerra que divide a las personas, avanza de forma sigilosa y saca lo peor de nosotros.

Sé que esto va de personas, que no solo pasa en periodismo, pero yo hablo de lo que sé, de mi profesión. Conozco y confío en que hay personas maravillosas que se toman su trabajo en serio, que tienen ética y que tratan al periodismo con el rigor que merece. También sé que no estoy sola en esta jungla, que hay muchas personas que tampoco se sienten cómodas en ella y que están creando sus propias armas para luchar con las especies peligrosas. Hacen fuego para cobijarse y alumbrar la oscuridad, como yo. Les veo. Me ven. Nos reconocemos y nos vamos uniendo. Porque al miedo se le vence haciéndole frente juntos.

Recuerda que cuando te sientas solo en la selva, no lo estás, siempre hay alguien que te ofrece su mano. Recuerda que cuando todos piensan igual, es que ninguno está pensando por sí mismo.

Generación frustrada, generación concienciada. Una y otra vez la misma historia

Un lunes cualquiera te sientas, abres un periódico, pones un informativo mientras comes o escuchas la emisora de radio mientras viajas y te cuentan, supuestamente entendiéndote a ti, a tu generación y a las próximas, que los jóvenes hoy en día prefieren no comprar viviendas y quedarse con sus padres o alquilar con cuatro amigos más un piso de cincuenta metros cuadrados hasta pasados los treinta.

Todo sin especificar el panorama desolador que nos envuelve. Para abandonar el nido hacen falta recursos económicos suficientes, un empleo con cierta estabilidad y, por supuesto, un lugar en el que poder vivir.

Según la Encuesta de Población Activa (EPA) en España la tasa de emancipación de los jóvenes es una de las peores de Europa. Ocho de cada diez, lo que supone cinco millones y medio de personas, de entre dieciséis y veintinueve años, han retrasado su independencia debido a factores socioeconómicos, como el elevadísimo precio actual de las viviendas, las dificultades de acceso al empleo y los bajos salarios que perciben.

Un martes cualquiera te sientas, abres un periódico, pones un informativo mientras comes o escuchas la emisora de radio mientras viajas y te cuentan, supuestamente entendiéndote a ti, a tu generación y a las próximas, y con una connotación un tanto negativa, que los jóvenes ya no compran tanta ropa en las grandes superficies de siempre o en las tiendas de moda de barrio de toda la vida. ¡Que cada uno compre donde quiera y como quiera! ¡Jóvenes y no tan jóvenes! Pero, por favor, que dejen de utilizar piezas informativas desde una negatividad inexistente cuando detrás de todo también está esa importante concienciación voluntaria que cada uno decide adquirir en su vida.

Influye, y mucho, que España se sitúe entre los diez países más destacados del mundo en cuanto a conciencia medioambiental. De hecho, los españoles hemos cambiado costumbres para que el impacto que tienen nuestras actividades en la naturaleza sea menor. Un estudio publicado por el Foro Económico Mundial señaló que un 76 % de los españoles ha modificado sus hábitos de consumo.

Estamos más concienciados y gracias a esos infinitos estímulos accesibles, a los que antes no se podía llegar de una forma tan fácil y a golpe de clic, sabemos cosas que nos hacen replantearnos el funcionamiento de los hábitos entendidos como normales en la historia de la humanidad.

Todos sabemos que la moda es la segunda industria más contaminante del mundo y que esto ha hecho que se produzca una constante evolución de la corriente del consumo *slow fashion* —o moda lenta— que, básicamente, se entiende como la manera en la que se percibe la moda desde el punto de vista ético y respetuoso con el planeta. ¿Sabías que para confeccionar unos pantalones vaqueros se necesitan entre 2130 y 3078 litros de agua? Esto es lo que bebe una persona en dos o tres años. Estos datos se pusieron sobre la mesa en la Conferencia de la ONU sobre Comercio y Desarrollo (UNCTAD) en 2019.

Hay comunidades creadas específicamente para la venta de ropa de segunda mano que cuentan en nuestro país con más de seis millones de miembros registrados. Y hasta aquí.

Un miércoles cualquiera te sientas, abres un periódico, pones un informativo mientras comes o escuchas la emisora de radio mientras viajas y te cuentan, supuestamente entendiéndote a ti, a tu generación y a las próximas, que los jóvenes preferimos comprar comida a través de «aplicaciones modernas» que abaratan sus precios antes de que estos se tiren o se desperdicien. Todo sin especificar que la cesta de la compra que debemos hacer no nos da tregua alguna y que la subida de precios en todos los alimentos ha venido para quedarse. Los catalogados como de primera necesidad han tenido aumentos en nuestro país que han llegado a superar el 40 %. Ante esta odisea, buscamos alternativas para sobrevivir, y de ahí la existencia de esas «aplicaciones modernas usadas de forma, supuestamente, frecuente». Por poner un ejemplo y que se entienda todo, desde enero de 2023 las verduras y legumbres han subido más de un 18 %; la harina, la mantequilla o el azúcar han alcanzado aumentos del 37,8 %, 34,1 % o el 43 % interanual; la carne un 14 % más que en el último año; la leche, el queso y los huevos un 24 % más y en conjunto los alimentos y bebidas se han encarecido hasta un 16,5 % total en comparación con el 2022.

Un jueves cualquiera te sientas, abres un periódico, pones un informativo mientras comes o escuchas la emisora de radio mientras viajas y te cuentan, supuestamente entendiéndote a ti, a tu generación y a las próximas, que los jóvenes ya no queremos comprarnos un vehículo propio porque preferimos utilizar más el transporte público o el patinete. Todo sin especificar la diferencia entre querer y poder o entre tener que hacerlo porque sí y preferir. Para qué vamos a decir que muchos invierten la mayor parte de su economía pagando una vivienda de alquiler, con sus respectivos gastos incluidos, y una comida mensual cada vez más elevada.

La falta de disponibilidad económica para comprarse un coche es, para muchos, el dar prioridad a otros gastos. Y eso unido a que un coche no es únicamente pagarlo y ya. Seguro, impuestos de circulación, averías de primera y última hora y un combustible que, como todo, sube. En los últimos diez años el precio de la gasolina en nuestro país ha crecido por encima del 34 % y el del diésel le ha faltado poco para rozar el 40 %.

Un viernes cualquiera te sientas, abres un periódico, pones un informativo mientras comes o escuchas la emisora de radio mientras viajas y te cuentan, supuestamente entendiéndote a ti, a tu generación y a las próximas, que los jóvenes ya no quieren ser padres y eso asusta muchísimo a la humanidad.

Supongo que tú, al igual que yo, lees y relees a personas dándose golpes en el pecho por este motivo, mientras intentan hacer ver al resto de la sociedad que «nos entienden». Por supuesto, sin haber dedicado ni un segundo a escuchar nuestras vivencias que son las de muchos millones de personas en España estos días.

Según un artículo expuesto en *ethic.es* que recoge los apuntes de un informe de la Fundación Foessa y del INE, en 2011 hubo 471.999 nacimientos. Una cifra que se encuadraba en una crisis económica que nunca habíamos visto en tiempos de democracia. Diez años después la cosa no ha sido muy diferente: 2021 fue el año en el que menos nacimientos se registraron en nuestro país desde que existen estos registros; concretamente nacieron 337.380 bebés.

Hay múltiples razones por las que la natalidad ha caído casi en picado, no solo hay que enarbolar el «querer es poder». No se puede dejar de lado que vivimos en un contexto precario y solitario, marcado por una economía empobrecida. Concretamente la pandemia y sus consecuencias han hecho que más de medio millón de jóvenes se sitúe bajo el umbral de la pobreza, ascendiendo la cifra total a 1.400.000 personas de entre 16 y 34 años que están en situación de riesgo de pobreza y exclusión social.

Leer esto en los rincones de Internet de lunes a viernes, de forma frecuente y siempre bajo patrones similares, me recuerda a la típica charla sistemática que se repite cada año con un familiar determinado en las cenas navideñas. Persona que dice conocerte, pero que realmente no tiene ni idea de ti, de tu vida y de tus circunstancias, asume que debe hacerse con el rol de preguntar por qué con tu edad no tienes las cosas que ella tenía, por qué no tienes lo que comúnmente nos han hecho ver que forma parte del éxito o compararte con otro familiar que sí ha alcanzado ese edén aceptado como la meta a la que se debe aspirar.

Con el paso de los lunes, martes, miércoles, jueves, viernes y cenas navideñas he sabido asumir de la forma más sana posible que soy parte de esas generaciones, porque vamos encadenadas, a las que se nos encasquetan esas palabras arcaicas que no se asemejan en absoluto con la realidad o con nuestro día a día.

¿Somos los jóvenes que prefieren compartir piso hasta pasados los cuarenta o los que no tenemos una capacidad económica suficiente y el mismo nivel de vida que otras generaciones anteriores para hacer frente a una hipoteca? ¿O simplemente el alquiler de un piso está cada día más por las nubes?

¿Somos los jóvenes que preferimos tirar de ofertas y de aplicaciones para no desperdiciar la comida que sobra de los restaurantes o los que vamos al día de gastos y hacemos malabares para, en ocasiones, llegar a fin de mes?

¿Somos la generación que preocupa por el bajo índice de natalidad o los que nos vemos incapaces de afrontar traer a alguien al mundo porque no estamos lo suficientemente estables, en todos los aspectos, como para hacerlo? ¿Cómo vamos a querer ser padres y madres si no podemos ni mantenernos a nosotros mismos con una mínima estabilidad? ¿Es responsable traer al mundo a alguien cuando aún no has encontrado tu lugar?

¿Somos la generación obligada a sentir que hemos fracasado como personas por llegar a los treinta sin tener a alguien a quien llamar «pareja» o con una relación consolidada con una visión futura a planificar en conjunto?

Quizá habrá que tener en cuenta que todas estas personas formamos parte de unas generaciones que han atravesado una de las mayores crisis económicas del país en momentos vitales muy críticos.

Leía hace tiempo a un experto decir que había que «recuperar las ganas de tener hijos y hacer ver lo importante que es, porque nos convenía a todos». Se hablaba de la creación de ayudas específicas para tenerlos, un mayor número de plazas de guarderías públicas... No lo veo mal, pero ¿tan difícil es asumir para la sociedad que para una parte de este mundo el tener descendencia en ningún momento ha sido una prioridad o meta para sentir que se ha llegado al clímax de la vida?

Esto no va de «arreglar algo» o de «un problema de mala adaptación». La decisión de no apostar por la maternidad y/o paternidad es tan solo una decisión más y, aunque cueste, debe entenderse. Otra cuestión es «renunciar» a ser madre o padre por una pésima situación socioeconómica y cultural, por no llegar a fin de mes y por no poder darles a esos futuros niños y niñas la educación que nosotros sí recibimos. Eso sí es relevante a nivel social y político.

Resumiendo: puedes querer o no ser padre o madre, ya que cada caso es único, personal e intransferible, y debe respetarse. No es una decisión intrínseca en el ser humano, aunque socialmente nos hayan hecho creer que es casi como una obligación moral. Lo que sí debería ser una obligación, pero por parte de los poderes públicos, es promover unas políticas públicas que favorezcan las circunstancias económicas, educativas y culturales para que los que sí quieran, puedan tener hijos y no se vean obligados a renunciar a ello.

Recuerdo una conversación no muy lejana en el tiempo que tuve con una querida amiga más mayor que yo. Ella tiene alrededor de sesenta y cinco años y es madre de cuatro hijos. Cada vez que me ve cuando voy a mi pueblo me dice:

—¡Estás cada día más guapa! ¡Eres la mejor periodista de España! ¿Tienes ya novio? ¡Que nadie se aproveche de ti, que eres muy buena!

Esta vez nuestra conversación fue algo diferente, pues me preguntó asombrada, y por curiosidad que, si no quería ser madre, «que ya era hora para mí». Lejos de ofenderme, me senté en el tranco de su puerta junto a ella y le dije que no tenía novio ni aún en mente el ser madre, que estaba trabajando en otras proyecciones de mi vida y quería estabilizarme en otros muchos aspectos para plantearme algo así. Rebatió mi propia respuesta bajo el paraguas de su percepción sobre que «así éramos las generaciones de ahora, sin ganas de responsabilidades». Como si cumplir con mi trabajo diario, pagar católicamente todo lo que surge en el día a día y enfrentarme a la vida no lo fuese. También me dijo que en su época ni siquiera las mujeres podían llegar a plantearse no ser madres. Se daba por hecho. Eso, y ser ama de casa.

Y ahí dio en el clavo. Mi querida amiga halló una respuesta a las preguntas que ella misma había planteado.

Los tiempos, por fortuna, cambian. Las mujeres ya no dan por sentado las cosas como antes. Ahora existen otras preocupaciones, como la educación, el acceso al trabajo y una profesión que nos apasione, y las soluciones, como el amplio abanico de métodos anticonceptivos, que evitan deambular por caminos que lleven a un lugar no querido.

En general, y dejando a un lado esa conversación que satisface por la capacidad de debate, puede parecer que los jóvenes nos resistimos a tener una vida normal. Pues según lo pintan no nos gusta tener propiedades, ser independientes, comprar nuestro propio coche, tener hijos... A veces todo eso me hace afirmar que sí, que formo parte de una generación más que arrastra la percepción de no saber dónde coño está el futuro. Y todo esto sumado a la presión social del «yo a tu edad ya...», viviendo en un constante «lo normal en mi época era...», intensificando las respuestas de «pero es que yo a mi edad no...», luchando con un problema nuevo que aparece como un día tras día y sobreviviendo a los números rojos y azules, lejos de ayudar, perjudica e intensifica la problemática.

Qué fácil sería aplicar un vive y deja vivir. Una misión un tanto complicada aquí, en China y en cualquier otro hábitat de este inconmensurable lugar. Deberíamos comprender y respetar que quizás lo que se entiende como lo más común y normalizado no es lo que todo el mundo debe aplicar en sus vivencias. Tan solo somos jóvenes, y no tan jóvenes, tratando de lograr un punto medio de estabilidad económica, social y mental que perdure en el tiempo, en un marco enrevesado en el que, muchísimas veces, ni se nos entiende ni se pretende hacerlo.

Y mientras avanzamos unos pasos o retrocedemos unos cuantos más, mientras lo logramos o nos quedamos en el intento, mientras nos respetan y comprenden o nos critican e ignoran, centrémonos siempre en que todo sume y casi nada reste.

Al final, solo necesitamos nuestro bienestar mental para sentir mucho y sanar mejor.

8

SOY QUIEN QUIERO SER

Hasta hace poco no tenía ni idea de qué acarreaba ser una persona PAS (Personas Altamente Sensible) o de lo que realmente era ser yo, aun conociéndome casi a la perfección. Siempre he sentido que mi forma de asumir circunstancias era muy diferente a la del resto. De hecho, he perdido la cuenta de cuántas veces me han dicho que soy demasiado sentida o que no debería de tomarme las cosas tan a pecho.

Si algo he aprendido en estos años es a poder entender el concepto de la alta sensibilidad y a todo lo que la envuelve. Este término fue acuñado en los años 90 por Elaine Aron, doctora en Psicología e investigadora estadounidense. En sus estudios sobre sensibilidad realizó una división a nivel social entre personas PAS y no PAS, asociándola a la introversión.

Para Aron, la sensibilidad es una característica más de la personalidad y ser una PAS hace referencia a poseer un sistema nervioso más fino y más desarrollado que la mayoría de la gente. La alta sensibilidad es un rasgo que se hereda y que afecta a dos de cada diez personas, hombres y mujeres por igual, y no corresponde a ningún trastorno mental.

Hay quienes asociarán esa alta sensibilidad a «ser una persona muy vulnerable», «débil» o «tener una actitud victimista», entre otras muchas etiquetas. Claro, es lo fácil sin un conocimiento previo, pero esto va más allá de lo simple o de lo evidente.

Podríamos decir que yo soy una especie de persona-esponja que embebe todo lo que le rodea por esa capacidad empática extraordinaria que tengo. Las PAS poseen ciertos rasgos que les distinguen fácilmente y yo me identifico con tres aspectos muy concretos y definitorios:

— Necesitan más tiempo del habitual para adaptarse a los cambios, pues es imprescindible que se detengan a procesar toda la información que les llega.
— Presentan una tendencia excesiva a empatizar con los problemas emocionales de los demás. A asumir en su mochila emocional cargas que no son suyas.
— Tienen un gran compromiso con sus valores personales y les es difícil no respetarlos sin llegar a sentirse mal por ello.

El *Diccionario* de la RAE define la palabra 'miedo' como «angustia por un riesgo o daño real o imaginario» o «recelo o aprensión que alguien tiene de que le suceda algo contrario a lo que desea». Esa empatía extraordinaria y ese miedo que te defino, y que me definen, me han acompañado siempre. Incluidas todas las mañanas, tardes y madrugadas en las que me he sentado en cualquier lugar recóndito de mi casa, durante el último medio año, para escribir.

Personas que dejaron cicatrices

Hay gente que, conociéndome poco, mucho o absolutamente nada, se atreve a preguntarme una duda generada por la curiosidad intrínseca de los seres humanos: «Sheila, ¿por qué tienes esas marcas en la parte superior de los brazos?». Si te soy sincera, me incomoda muchísimo la cuestión porque no con todo el mundo me siento preparada para explicar algo así. Cuando lo escucho, automáticamente pienso: ¿de verdad es necesario que te responda a algo que ni yo misma me he atrevido a contarte? «Tan solo somos todas nuestras cicatrices», dicen. Y desde luego que no. Sí que es cierto que esas cicatrices forman parte de nuestro camino, con sus respectivos nombres, apellidos y circunstancias, pero somos bastante más que ellas. Somos más que un pasado que nos encoge cada vez que lo recordamos. Somos más que todo lo que seguimos arrastrando en el presente con la intención de sanar y continuar algo más liberados en un camino hacia el futuro.

El principio de todo

La palabra *sempiterno* hace alusión a algo que se prolonga para siempre, y que habiendo tenido principio no tiene fin. Podríamos llamar así a la primera cicatriz que soy, pero no en su totalidad. Va estrictamente ligada a esa familia normal y común formada por un padre y una madre que nunca tuve como tal y que deseé, pero que ahora sé que no necesito realmente.

Yo jamás he sido consciente de cuándo empecé a darme cuenta de todo y a experimentar esto dentro de mí, ni tampoco sé si algún día voy a poder dejar de sentirlo. No te hablo de sensaciones positivas, sino de la tristeza, la ausencia, el rencor y el dolor en su estado más puro. De lo que sí he sido consciente es de que la equivocación no nos hace peores, pese a que se nos haya hecho creer que sí, pero lo que realmente pone esa connotación negativa al alza es la incapacidad de muchas personas, y algunas consideradas esenciales en la vida de otras, a la hora de afrontar que la han cagado y que sus acciones afectarán de manera directa a otros.

Las acciones irresponsables y apáticas de dos personas, mis padres, que vivían de modo desenfrenado sin tener ni puta idea del amor y de la vida, y haciendo caso omiso a la sabiduría y los consejos del mundo que les rodeaba, sus familiares, tuvieron graves consecuencias. Ambos crearon una vida nueva, la mía, sin tan siquiera estar ellos preparados para afrontar las suyas propias de manera conjunta e individualmente. El resultado: abandono con excusas ridículas prolongadas en el tiempo, por una parte, la de mi padre, y el más absoluto caos en forma de ausencia de muchas emociones y sentimientos por otro, el de mi madre. ¿Quién en su sano juicio va a salir ileso de una batalla sentimental perdida de antemano? Yo no.

Un lugar en el que refugiarse

La palabra *inconmensurable* hace alusión a algo enorme, que no puede medirse. Así llamaremos a la segunda cicatriz. Va ligada a los sentimientos más reales, puros y nobles jamás experimentados. Entre la vorágine de ausencias, abandonos y rencores, también he palpado la grandeza inmudable de la calma entre cuatro paredes.

La casa de mis abuelos, con un teléfono directo que me conectaba con mi tío, ha sido ese refugio al que recurría para intentar ser feliz. Un lugar en el que las manecillas del reloj parecían no avanzar y cuya sensación era como rozar la ansiada eternidad reencarnada en ellos. Un lugar que protegía. Un lugar donde las preocupaciones eran menores y las tristezas se arreglaban con un paseo en moto, haciendo un buen cocido o llamando por teléfono y escuchando un «yo estaré siempre aquí para ti». Con ellos he experimentado el amor y la felicidad más real descrita nunca. Y aunque ya no puedo permitirme el lujo de soñar con esa eternidad, principalmente porque una de esas personas ya no está, siempre pediría al genio de *Aladdín* aunque fuese por unos minutos, volver a esa casa.

La verdad es que el tiempo le ha añadido a mi cóctel más personal los ingredientes perfectos para no catalogar al sabor de mi vida como sencillo, común o agradable. He vivido circunstancias, momentos e instantes que no tendría que haber experimentado nunca, o quizás no tan pronto. ¿No es cierto que solo pueden consumir bebidas alcohólicas los mayores de dieciocho años? Pues lo mismo tendría que haberme pasado a mí con ese cóctel. No debería haberlo probado hasta, mínimo, la mayoría de edad. «A la vida se viene a perderlo todo», dicen. ¿Pero y si no puedes perder algo simplemente porque jamás has llegado a tenerlo?

Un pequeño discurso políticamente correcto que me repite mucho la gente que me conoce cuando me ve, y que sabe mi historia en su totalidad, hace referencia a ensalzar lo orgullosos que están ellos por verme así y lo orgullosos que deben de estar los míos al ver en lo que me he convertido y todo lo que estoy logrando. Hablan desde lo correcto y no expresan lo que realmente piensan, pero yo consigo leerlo entre líneas. Lo coloquial se echa a un lado y la realidad dura se deja escuchar. ¿Qué persona con sentido común habría apostado un mísero euro porque alguien saliese intacto con una infancia tan difícil y unas circunstancias tan duras envueltas en abandonos, gritos, peleas, enfrentamientos, amenazas, adicciones, sucesos trágicos...? «Lo normal» en mi caso habría sido sucumbir a lo sencillo, puesto que estaba totalmente justificado por la circunstancia conformarme con lo que había y no esperar nada por el simple hecho de no tener nada.

En realidad, jamás he tenido exigencias por parte de mi familia y nunca me han pedido nada más allá de que aprobase todo. Los entiendo y lo agradezco. Ese ha sido el verdadero secreto por el que nunca me he lamentado de forma constante por la vida que me ha tocado vivir hasta el punto de no intentar tan siquiera querer vivirla.

Siempre he sido de metas. De objetivos. De sueños tangibles. De intentarlo hasta fracasar. De descansar durante el fracaso. De levantarme con más fuerza para volver a intentarlo. De conseguirlo. De finalmente no llegar. De pensar en grande a base de pequeños pasitos. De ser realista con lo que me ha tocado, pero de nunca conformarme con ello. De adentrarme por segundos en realidades paralelas con el fin de visualizar que, igual con constancia, podría llegar hasta allí...

Hay tanta gente que se aferra a las circunstancias de su durísima vida para justificar en lo que han convertido la suya propia... Me apena porque yo también he sido parte de esa gente y de esas difíciles circunstancias. Nunca nada se consiguió en un aquí y ahora y a casi nadie le gusta esperar, pero... las grandes transformaciones no suceden en treinta segundos.

Desde temprana edad una serie de obstáculos podrían haberme aplastado, desde la ausencia de apoyo familiar por parte de mis padres hasta los graves problemas de salud relacionados con la alimentación. Podría haber sido una persona adicta a cualquier sustancia. Podría haber escogido unas malísimas compañías para compartir mi día a día. Podría haberme rendido cuando suspendía esos exámenes imposibles de aprobar. O simplemente podría haber dejado de ir a clases cuando sentía que no me motivaba nada.

Podría haber sido tantas cosas...

Pero, sin exigencias, decidí no probar jamás ni una sola sustancia nociva que cambiase el transcurso de mi vida. Decidí escoger selectivamente a las personas que caminarían conmigo y apartar de forma tajante a quien su filosofía no fuese compatible con la mía. Decidí sentarme frente a mi escritorio cada tarde y estudiar incontables horas hasta conseguir aprobar. Decidí seguir. Simplemente seguir. Seguir un camino totalmente diferente al que conocía.

Querido lector, querida lectora, soltar parte lo que somos, nunca es fácil, y despedirse de la vida que nos ha tocado vivir tampoco. Pero con el tiempo quizás te des cuenta de que tus decisiones fueron lo mejor que pudiste hacer.

Yo me fui de sensaciones que me hacían mal. Yo me fui de un pasado en el que no encajaba. Yo me fui de sentimientos negativos que me aportaban caos. Y al irme, conseguí desarrollar un espacio en el que logré saber hacia dónde iría sin olvidar de dónde venía.

Nada habría podido ser posible sin ellos, sin esas personas que me aman genuinamente y me apoyan de forma incondicional. Sus raíces inquebrantables, valientes y bonitas, capaces de comprender y entenderlo casi todo, han estado siempre junto a mí. Siempre han sabido que la vida era un ratito y yo por ellos habría parado todos los relojes del mundo. Me fui con mis decisiones de una vida que, aunque igual estaba predestinada, no quería vivir, pero me los llevé conmigo. Con el tiempo he sabido que quienes no tenemos aparentemente oportunidades, sí podemos ser algo diferente. Solo hay que intentarlo.

Saber despedirse

La palabra *serendipia* hace alusión al hallazgo afortunado e inesperado que se produce cuando se está buscando otra cosa distinta. Así llamaremos a la tercera cicatriz. Va ligada a los sentimientos de lo que supuso para mí pasar un duelo tras perder un vínculo emocional de amistad con la que fue mi mejor amiga cuando éramos pequeñas. Todo lo que conllevó este proceso y el resultado de encontrar de manera inesperada a seres de luz que han transformado mi vida.

Lo cierto es que mis decisiones también han dejado infinitas cosas preciadas por el camino, negarlo sería una estupidez y no seré yo esa persona que te dibuje todo un mundo color de rosa con la de infinitos matices que han tintado el lienzo de mi percepción con el transcurso de los días. ¿No te resulta curioso cómo de normalizado está todo lo que supone hablar del duelo por la pérdida de un ser querido y del duelo por una ruptura amorosa y no del duelo por la pérdida de una amistad? ¿Por qué nadie habla de esto? Existe y romper con una amiga o un amigo puede ser tan o más doloroso como hacerlo con tu pareja. Romper siempre va unido a experimentar una nueva forma de sentir dolor.

Desprenderme de una parte de mí hasta entonces importante, y no por voluntad propia, implicó pasar por fases parecidas a las del desamor, que hasta ese entonces yo desconocía y que ahí experimenté por primera vez. Durante estas etapas validé emociones como el rencor, la rabia y el odio para aprender a desvincularme de la toxicidad que, en ocasiones, arrastramos con según qué sentencias impuestas socialmente. «Los amigos son la familia que elegimos, las parejas vienen y van, pero la amistad es para siempre», dicen. Quedaría genial plasmar en un par de párrafos la mar de bonitos que estoy de acuerdo con esta frase, que probablemente hayas escuchado alguna vez, pero estoy aquí para dejar constancia de la sinceridad, pese a que alguna que otra de mis más francas reflexiones no sean las esperadas.

Asumir que toda amistad será eterna es lo más parecido a esclavizar a tu mente utilizando expectativas elevadas a un «para siempre» que no existe. Mi adolescencia la recuerdo como la peor etapa de mi vida.

Llevaba una maleta cargada de sensaciones que me hacían mal, un pasado en el que no encajaba, y que me había repercutido seriamente en el presente, y estaba en ese proceso de tratar de dejar todas esas difíciles circunstancias a las que renunciaba para afrontar una nueva vida. Ese fue el periodo exacto de tiempo en el que comencé a cambiar aspectos de mi persona que me avergonzaban, actitudes inmaduras propias de la edad y alguna que otra cosa más que hoy por hoy ya no existe.

En esta línea de espacio-tiempo perdí a mi mejor amiga, ella me perdió a mí y ambas nos perdimos. Y desde entonces no he vuelto a sentir la amistad de una forma tan especial como por aquellos años.

Recuerdo atravesar diversas fases. La fase de la negación, la del enfado, la del rencor, la de la irritabilidad, la del por qué y la de la tristeza. Se lee fácil, pero fue muy complicado razonarlo.

Me sentí abandonada.

Me sentí vacía.

Me sentí incompleta.

Me sentí la peor persona del mundo.

Y sentí que nunca más volvería a poder tener la capacidad suficiente para abrir mi corazón a cualquier otra amiga que en el camino apareciese.

Durante los siguientes años experimenté sensaciones-catarata. Un abismo absoluto. Me aislé y me desvinculé de mucha gente por no volver a experimentar más pérdidas. Me era muy difícil volver a empezar de cero y ver lo que había supuesto esa ruptura.

Como todo lo que llega, llegó el momento de aceptación y de asumir lo lógico, que no es tan evidente cuando estás inmersa en tu catástrofe particular. La vida seguía. Normalicé mis emociones y las validé. Entendí que era normal haber perdido a alguien por importante que fuese y que podía permitirme el lujo de procesar esa pérdida a mi manera durante un tiempo, entendiendo que esto tan solo era parte del aprendizaje. Todas esas emociones idiosincrásicas tenían que estar ahí.

Con los años dejaron de doler las preguntas que se quedaron sin responder, las sensaciones que nunca debí sentir y los castigos emocionales muy duros en forma de culpa que yo misma me apliqué sin causa alguna.

Podría pasar un tiempo precioso (del que carezco) lamentándome de forma infinita por mi pasado, pero la vida se ha empeñado en hacer magia delante de mis narices y que yo no sea capaz de pillarle el truco. Ella llega, saca su varita, coge su mesa plegable de lecciones y se pone su sombrero. Me mira y me pregunta por mi tristeza. Y hace su truco. Se lleva toda mala sensación que me castigue y se va. Desaparece. Y aparecen esos polvitos mágicos con mucho *brillibrilli* transformados en los abrazos de todas esas personas que han ido apareciendo desde entonces para demostrarme que merezco la pena.

A veces he necesitado desesperadamente que me cogieran de la mano y me dijeran que estaban plenamente convencidos de que les había aportado lo suficiente como para caminar conmigo al menos un ratito más, sin dejarme atrás y sin prometer esos estúpidos «para siempre» que solo dañan.

Ha sido inefable descubrirme a través de los ojos de ese espacio al que considero mi hogar, mis amigos, y crear relaciones lo suficientemente saludables con personas independientes para lograr un apoyo y un impulso que construya lo que hoy por hoy es la mejor versión de mí misma. Y mientras descubro, creo y construyo, aprendo lo que significa saber dejar atrás a muchas caras conocidas, despedirme con dolor de amigos del alma, sentir melancolía, pues decir adiós a los felices tiempos del pasado no es pan comido.

Ojalá tú también aprendas a quedarte, a pesar del miedo y de los traumas, en ese lugar donde no solo estás, sino también eres, porque... en un mundo que quiere que vayamos tan deprisa, la gente que sabe darnos amor real, aportarnos seguridad, curarnos las heridas y darnos paz mental sin prometer una eternidad, vale el doble.

El amor no se fuerza

La palabra *nefelibata* hace alusión a una persona soñadora, que no se apercibe de la realidad. Así llamaremos a la cuarta cicatriz. La que va ligada al amor. Una única vez me enamoré muchísimo.

Tanto que creía que mi felicidad dependía de esa persona.

Tanto que dejé de quererme a mí misma por encima de todas las cosas.

Tanto que sentía que no podía soltar a alguien que no tenía ni idea de quererme por miedo a que nadie me quisiese.

Tanto que reviví un sentimiento pasado de abandono casi imposible de gestionar.

Tanto que cuando ese amor me dejó sentí que me moría.

Tanto que no paré de llorar durante meses.

Tanto que la ansiedad me consumió.

Tanto que me sentí insuficiente.

Tanto que me castigué con preguntas que no me correspondía a mí responder.

Tanto que me culpé por acciones ajenas que no fueron consecuentes con mi forma sana de amar.

Incontables veces me he sentado en cualquier lugar con mis mejores amigos a reflexionar con ellos sobre el amor. Me encanta hacerlo y es para mí una superterapia. Siempre les digo, desde el sentimentalismo que me caracteriza, que, por desgracia, creo que jamás volveré a estar con nadie ni a enamorarme, porque estoy rota por completo y no confío en ninguna persona. No veo a gente capaz de ser lo suficientemente madura como para quedarse cuando las cosas se ponen difíciles. Nadie quiere afrontar lo verdaderamente jodido de la vida y como opción más favorable siempre está la egoísta e individual huida.

Entre tantas cosas que el tiempo me ha enseñado he definido muy bien que no quiero volver a experimentar nunca la sensación de esperar un mensaje de alguien. Una explicación lógica. Un perdón. Un lo siento sincero. Un te quiero de verdad. Un abrazo que traspase.

Tampoco quiero volver a estar triste por algo que no tenga que ver conmigo y mis circunstancias, sin segundas ni terceras personas. No quiero volver a asumir en mi mochila ese rol de salvadora con nadie. Porque en esta vida la única lucha que quiero librar es aquella en la que yo salga lo más ilesa posible.

Estoy cuidando mi mente y mi cuerpo y aprendiendo cada minuto a valorar más que nunca la soledad por encima de todas las cosas, incluso cuando me invade la nostalgia que me hace sentir que quizás estaría genial ir a mi bar de tapas favorito, viajar a ese lugar especial al que tanto tiempo llevo queriendo ir y ver una película acurrucada con esa compañía real mientras, obviamente, me acabo durmiendo.

Una única vez me enamoré muchísimo y me dolió tanto que finalmente me dejó de doler.

Tanto como para entender que hoy en día es casi misión imposible encontrar a gente entera, que no venga ya rota, con miedos, traumas y abandonos y me rompa.

Tanto como para procesar que todo, menos la forma en la que tratamos a quien queremos, es temporal.

Tanto como para saber que yo soy mi lugar más seguro.

Tanto como para darme cuenta de que la pureza de mi corazón no la merece cualquiera.

Tanto como para aprender a estar sola sin sentirme así y disfrutando de mi propia compañía.

Tanto como para asumir que, mientras la sociedad pudre el sentido del amor, yo seguiré siendo sincera conmigo, para mí y para con las otras personas.

Tanto como para ser empática con los sentimientos ajenos, aunque sean del todo antagónicos a los míos, y coherente con mi decir y hacer.

Tanto como para decir una y otra vez «no me merezco esto» y saber reconocer de dónde y de quién hay que irse.

Hay ciclos que terminan. Ciclos a los que es necesario poner un punto y final por mucho que duela, y entendiendo siempre que el amor, como cualquier otro sentimiento en la vida, no se debe forzar.

Idealizar a alguien es condenarte a la decepción. Me he prometido, pese a todo, que seguiré queriendo bien y bonito, pero me alejaré tan rápido como pueda de toda guerra que me quite la paz que tanto me ha costado encontrar.

Ahora sigo perdonándome por los errores que cometí. Estoy asumiendo que dar todo en el lugar equivocado no es un motivo para no salir adelante. Cada vez que caigo en pensamientos intrusivos me repito que voy a sanar simplemente porque río con el alma y porque tengo un corazón noble que hace que yo brille aun estando rota. Tardé muy poco en entender lo que significaba perdonar de verdad, y más cuando ese perdón derivaba de un daño casi irreparable en mí. Hacerlo supuso que pudiese dejar ir sentimientos, recuerdos y sensaciones y ahora sé que hacerlo también ha significado evitar seguir rompiéndome.

Ojalá, querido lector, querida lectora, pudiese dar a todas esas personas un cachito de mi capacidad de decir y cumplir los «nunca te haría eso porque sé que te dañaría». Mientras tanto, me ausento de cualquier cosa que pueda hacerme sentir mal y continúo reconstruyéndome y construyendo esa fortaleza que hará que, al menos, la próxima vez tenga más cuidado a la hora de dejar quién entra en mi vida.

Una única vez me enamoré muchísimo, y fue lo suficientemente significativa como para que ahora esté aquí cerrando ese capítulo dentro de otro capítulo e impulse a otras personas —quizás a ti— que fueron, son y serán un poquito de lo que fui y sentí. Porque yo pensaba que me moría y, finalmente, he salido más fuerte que nunca de un proceso común de la vida que da, pero también quita. Entre esos «no», «estoy segura», «no volveré a» me pregunto: ¿cómo no iba a dar algo la vida a alguien como yo que se enamoraría como si el amor nunca le hubiese fallado?

EL FINAL DE LOS FINALES

Esas cicatrices *sempiternas*, *inconmensurables*, *serendipias* y *nefelibatas* de las que te he hablado son el resultado de mi más plena resiliencia. En psicología, esta palabra hace alusión a la capacidad que tiene una persona para superar circunstancias traumáticas como la muerte de un ser querido, un accidente… Y es que yo no sería yo sin haberlo superado todo. Porque, joder, con el tiempo, y echando la vista atrás, he logrado saltar cada obstáculo de esta carrera de fondo que aún no ha terminado. He acabado dolida, con rasguños, cansada, pero sin tener ni puñetera idea de qué significa rendirse.

Soy la persona más resiliente de mi mundo. Y lo soy porque entendí desde el minuto cero que la vida no me lo iba a poner nada fácil, pero que yo le demostraría con creces que jamás me resignaría sin haberlo intentado como mínimo unas diez veces.

Y lo soy porque, aun teniendo infinitas carencias afectivas durante mi infancia, hoy por hoy me considero el ser más bondadoso, amoroso y afectivo de mi particular universo.

Y lo soy porque, aunque se me resistiesen tres tablas de multiplicar y unos cuantos tiempos verbales, con paciencia supe que dos por dos son cuatro y vine, vi y vencí.

Y lo soy porque, aunque fuese triste sentir la ausencia de un padre, supe ver que todo ese eco de amor se lo dividirían entre cuatro y lo multiplicarían en forma de felicidad mis abuelos, mi tío y mi madre.

Y lo soy porque a pesar de infinitos insultos, un acoso que nunca veía fin, vejaciones y un constante miedo de que se riesen de mí, siempre salí a la calle con la mejor de mis sonrisas y la más altanera contestación en caso de recibir una flecha hiriente.

Y lo soy porque, a pesar de haber vivido un intento de suicidio en mi familia y muchas depresiones, nunca culpé, siempre entendí, apoyé y estuve, estoy y estaré con la mejor terapia que yo, sin ser una profesional, puedo proporcionar: mi más absoluto amor real.

Y lo soy por todas las veces que alguien me dijo que no iba a poder y pude.

Y lo soy por todas esas veces que no me perdonaron, pero que yo sí acepté esas disculpas.

Y lo soy por todas esas veces que no me cogieron el teléfono o me contestaron a un mensaje cuando lo pedí, pero yo sí lo hice cuando lo necesitaban.

Y lo soy por aprender a volver a vivir una nueva vida habiendo asumido el concepto de la muerte como algo diferente a lo común, justo después de la pérdida de mi ser más querido, entendiendo que iba a seguir experimentando pérdidas y que yo no iba a volver a perderme entre ellas.

Y lo soy porque, aun experimentando la sensación de sentirme abandonada por tanta gente a la que he querido y con miedo a que esto se repitiese con el paso del tiempo, he seguido aferrándome a mis sentimientos más reales y dándolo todo por esas personas por las que he sentido que merecía la pena.

Y lo soy porque en un mundo donde casi no hay cabida para soñar, en el que la respuesta más común es animarte a no intentarlo por lo difícil que es y por la cantidad de fracasos que se han producido en el camino... ¡Lo he hecho! ¡He tirado para adelante sin importarme nada más que yo y mi confianza! ¡He fracasado nueve veces! ¡Y a la décima lo he logrado!

El día a día es jodidamente complicado. Nos lamentamos. Nos quejamos. Nos quedamos con lo malo y no apreciamos que somos infinitamente ricos con las cosas sencillas que, entre truco y truco, nos regala la magia de existir.

Larga vida a mis abuelos. A mi tío José Juan. A mi madre. Al resto de mi familia. A mis amigos sin eternidad, pero con la certeza de un siempre cada día. A mi perro, que tan feliz me hace. Al coche que conseguí comprarme. A la futura casa que lograré tener. A la persona con la que compartiré la vida y formaré la familia que siempre quise. A la oficina que lograré construir en Aguadulce y al equipo que trabajará conmigo. Larga vida a esas personas desconocidas que han hecho posible que yo hoy esté cerrando el último capítulo del libro de mis veintiocho años.

Y gracias a *es.decirdiario* por haberme permitido perdonarme cuando todo iba mal. Es mi profesión, esa con la que siempre soñé y por la que aposté, la que me ha permitido contar la historia de cómo salí adelante y, quizás, poder ser una inspiración para alguien más.

Nos seguimos leyendo...